Katja Falkenburger

SO GEHT NATURGARTEN

Haupt
NATUR

WIESEN-MARGERITE *(Leucanthemum vulgare)*
ZOTTIGER BIENENKÄFER *(Trichodes alvearius)*

Margeriten werden auch „Wucherblumen" genannt. Auf mageren Böden bilden sie nur kleine Rosetten mit wenigen Blüten aus, wodurch auch weniger wuchsstarke Pflanzen eine Chance bekommen.

Katja Falkenburger

SO GEHT NATURGARTEN

DIE BESTEN GARTENELEMENTE

HAUPT VERLAG

INHALT

VORWORT

Ein Naturgarten bietet Lebensräume für viele Pflanzenarten und bietet vielen Insekten, Kleinsäugern und Vögeln eine Überlebenschance. Vergessen wir nicht, dass viele Schmetterlinge, Wildbienen und Käfer wichtige Bestäuber sind und so eine Obst- und Gemüseernte erst ermöglichen. Naturgärten werden zum Entdeckerland für Naturfreunde – können einen täglicher Kurzurlaub für den Gartenbesitzer sein. Bunte Blumen und Natur genießen tut den stressgeplagten Menschen gut, und Gartenarbeit ermöglicht eine aktive Freizeitbeschäftigung an der frischen Luft.

Das Buch „So geht Naturgarten: Die besten Gartenelemente" von Katja Falkenburger, Mitglied im NABU Ravensburg, zeigt verschiedene Schritte zu mehr Natur und Artenvielfalt im Garten. Warum ist ein weiteres Gartenbuch sinnvoll? Laut NABU gibt es in Deutschland ca. 13 Millionen Privatgärten. Die Fläche aller deutschen Gärten zusammen entspricht damit in etwa der gesamten Fläche der Naturschutzgebiete des Landes. Hier kann durch eine naturnahe Anbauweise – gift- und torffreies Gärtnern – ein Beitrag zum Naturschutz geleistet werden.

Wenn „Ackerunkräuter" keinen Platz mehr am Wegrand der intensiv genutzten Landschaft finden, können wir sie in unseren Hobbygärten erhalten. Nicht zuletzt können Kinder im Garten die Natur und ihre Wunder hautnah erleben. Marienkäfer, Blattläuse, Amseln, Rotkehlchen, Buntspecht und Igel sind dann nicht nur schöne Beobachtungen, sondern werden so zu wichtigen Mitgeschöpfen.

Ich wünsche Garten- und Grundstückbesitzern mehr Mut zu Wildnis. In „wilden Ecken" finden viele Tierarten Verstecke, Lebens- und Überwinterungsräume. Etwa drei Viertel der deutschen Wildbienenarten nisten im Erdboden, finden aber leider kaum noch ungestörte Plätze und sind am stärksten vom Aussterben bedroht. Andere Wildbienen-Arten nutzen röhrenartige Strukturen und haben sich auf Pflanzenstängel, Käfergänge in morschem Holz, gerollte Blätter, Mauerritzen oder leere Schneckenhäuser spezialisiert.

Das Buch bietet viele Anregungen für eine natur- und tierfreundliche Gartengestaltung. Auch Kommunen und Unternehmen finden Anregungen für eine Bewirtschaftung im Sinne des Naturschutzes.

NABU Ravensburg

Willi Mayer, www.nabu-ravensburg.de

STRAHLEN-BREITSAME *(Orlaya grandiflora)*
01 GOLDGLÄNZENDER ROSENKÄFER *(Cetonia aurata)*

Die auf schlanken Stängeln schwebende Blütendolde der Strahlen-Breitsame ist inzwischen selten geworden. Das ursprüngliche Ackerkraut sät sich selbst aus, findet auf kleinstem Raum Platz und wird wie viele Doldenblütler sehr gerne von Insekten besucht.

WIESEN-BÄRENKLAU *(Heracleum sphondylium)*
01 WIESENSCHWEBFLIEGE *(Epistrophe* sp.*)*
02 HAINSCHWEBFLIEGE *(Episyrphus balteatus)*

Masse ist klasse! Einheimische Pflanzen ziehen eine Vielfalt von Tieren magisch an und lassen uns zu Entdeckern werden.

SCHRITT FÜR SCHRITT ZUR VIELFALT

Willkommen zum ersten Schritt in Ihren Naturgarten! In einer Zeit, in der der Wunsch nach einer intakten Umwelt immer stärker wird, eröffnet sich vor unseren Haustüren ein faszinierendes Abenteuer: der Naturgarten. Dieses Buch lädt Sie ein, in die faszinierende Welt des Naturgartens einzutauchen und schrittweise zu erfahren, wie Sie Ihren Garten oder Ihre Anlage in einen lebendigen Lebensraum für eine vielfältige Tier- und Pflanzenwelt verwandeln können. Oft sind es die einfachen Dinge, die den größten Unterschied bewirken. Eine kleine Blühfläche mit einheimischen Blumen im Rasen, ein kleiner Teich, der vor Kurzem für den Wasserfrosch entstand, oder ein langsam licht werdender, alter Obstbaum, der dem Buntspecht ein Zuhause bietet – solche Veränderungen können den Auftakt zu einer aufregenden Reise bilden, um die Natur wieder näher an uns heranzulassen. Und dies ist erst der Anfang. Die Ankunft von Wildbienen, Schmetterlingen, Singvögeln und anderen faszinierenden Geschöpfen, aber auch kreative Ideen fürs nächste Gartenprojekt lassen bestimmt nicht lange auf sich warten. Der Schlüssel liegt im Anfangen – in kleinen, überschaubaren Einheiten. Hier setzt dieses Buch an, indem es Ihnen die Bausteine eines Naturgartens in seinen wichtigsten Punkten vorstellt. Jedes Kapitel bildet ein Puzzleteil in Ihrem persönlichen Naturgarten-Baukasten, aus dem Sie nach Belieben wählen und kombinieren können. Ganz gleich, ob Sie über einen großzügigen Garten verfügen oder nur über eine schmale Fläche, dieser „Baukasten" stellt die Grundlagen vor, die sich individuell anpassen lassen und die bestimmt Ihre Kreativität beflügeln. Das Beste daran ist, dass keine umfangreichen Vorkenntnisse, keine komplizierten Gerätschaften und keine aufwendigen Materialien erforderlich sind. Mit den meist bereits im Garten vorhandenen Ressourcen können Sie sofort loslegen. Ein paar Handgriffe in einer Ecke Ihres Gartens können bereits den Grundstein für Ihr persönliches Paradies legen. Dieses Buch begleitet Sie auf Ihrem Weg zu einem quicklebendigen Naturgarten. Entdecken Sie, wie sich Element für Element die Artenvielfalt steigern lässt und sich der Garten mit Lebensfreude füllt. Herzlich willkommen zu einer Reise voller Überraschungen und Inspirationen!

Im Naturgarten wird durchgeblüht: Eine breite Palette an Pflanzenarten liefert Nahrung für Insekten und sorgt für eine kontinuierliche, bunte Blütenpracht vom Frühling bis zum Winter.

UND SO GEHT NATURGARTEN

Maximale Artenvielfalt durch: abwechslungsreiches Gelände,

vielfältige Materialien, Strukturen

und regionaltypische Pflanzen

für viele verschiedene Tierarten [1]

Naturgärten funktionieren nach einem einfachen Rezept: Man nehme ein Gelände und füge Element für Element verschiedene Geländeformen, Materialien, Strukturen und einheimische Pflanzen hinzu und lasse natürlich alle Gifte und Kunstdünger weg. So entsteht im Laufe der Zeit ohne großen Aufwand ein vielfältiges Biotop, das zahlreiche neue Gartenbewohner magisch anzieht und auch für den Gärtner und die Gärtnerin von Tag zu Tag spannender wird.

Beim Spaziergang oder bei Wanderungen in der Natur lassen sich viele Ideen für eine attraktive und natürliche Gartengestaltung finden. Diese Anregungen aus der Natur lassen sich auch auf begrenztem Raum wie in privaten Gärten, gewerblichen Flächen oder öffentlichen Anlagen umsetzen. Denn Geländeformen wie Hügel, Wälle und Senken können selbst in kleinerem Maßstab vielfältige, artenfreundliche Mikroklimazonen entwickeln, und Totholz, Steine, Erde und Sand sind natürliche Materialien, die wertvolle Strukturen im Garten schaffen – Baumaterialien, um selbst kreativ zu werden.

Eine Vielfalt an Formen, Strukturen und Materialien schafft ein breites Spektrum an Mikroklimazonen mit unterschiedlichen Lichtverhältnissen, Feuchtigkeitsgraden, Temperaturen und Nährstoffgehalten – das sind die besten Voraussetzungen für eine besonders abwechslungsreiche Bepflanzung und dadurch die Grundlage, um einen Garten auch für tierische Gartenbewohner attraktiv zu gestalten.

Heimische Pflanzen sind hierbei empfehlenswert, da sie sich über Jahrhunderte hinweg an ihre Standorte angepasst haben und unter den richtigen Bedingungen zuverlässig wachsen, blühen, Früchte tragen und sich vermehren. Auch sind sie durch ihre Blätter, Blüten und Strukturen optimal auf die regionale Tierwelt abgestimmt – sei es als Nahrung, Unterschlupf, Winterquartier oder als Nistplatz.

Da die Artenvielfalt nach dem Schlüssel-Schloss-Prinzip funktioniert, sollte beim Kauf auf die wissenschaftlichen Namen von Pflanzen und Saatgut geachtet werden. Daran lässt sich erkennen, ob es sich tatsächlich um die gewünschte einheimische Pflanzenart handelt. Der zweiteilige wissenschaftliche Pflanzenname, der zuerst die Pflanzengattung

[1] Rote Keulenschrecke *(Gomphcerippus rufus)*

01 GROSSE KLETTE *(Arctium lappa)*
02 ROTER FINGERHUT *(Digitalis purpurea)*
03 STINKENDE NIESWURZ *(Helleborus foetidus)*

Naturgärten entwickeln sich durch Ausläufer und Selbstaussaat dynamisch. Je nach Pflanzenart, Witterung und Standortbedingungen setzen sich mehrjährige Stauden und Sämlinge unterschiedlich stark durch. Dabei entstehen immer neue Pflanzenkombinationen und der Garten sieht immer wieder anders aus.

ROTER FINGERHUT *(Digitalis purpurea)*
GARTENHUMMEL *(Bombus hortorum)*

Der Naturgarten als Inspirationsquelle für viele neue Hobbys: Von Gartenarbeit über Insektenbestimmung bis zur Fotografie.

und dann die Pflanzenart angibt, hilft Verwechslungen auszuschließen. Auch hybride Pflanzenzüchtungen sind für den Naturgarten nicht geeignet. Diese werden oft mit speziellen Namenszusätzen gekennzeichnet, an denen sich erkennen lässt, dass es sich um eine Kreuzung handelt. Das ist z.B. der Fall, wenn im Namen "x", "x intermedia", "hybrida", "cross" oder "F1" enthalten ist.
Da immer mehrere Pflanzen einer Art verwendet werden sollten, um sie dauerhaft zu etablieren, kann die eigene Aussaat und Pflanzenanzucht interessant sein. Dadurch erhält man eine große Anzahl von Pflanzen, von denen kräftige und gesunde Sämlinge ausgelesen werden können. Diese können dann an verschiedenen Stellen im Garten verteilt werden, um den idealen Standort für die jeweilige Pflanzenart zu finden. Überzählige Pflanzen können außerdem mit Freunden und Nachbarn geteilt werden, um diese auch in anderen Gärten zu verbreiten und somit für alle zu erhalten. Denn Privatgärten haben Potenzial – laut dem Naturschutzverband NABU könnte die Fläche an Naturschutzgebieten dank 13 Millionen Privatgärten in Deutschland verdoppelt werden! Daher: Je mehr Naturgärten angelegt werden, desto besser.
Das Baukastenprinzip mit den verschiedenen im Buch vorgestellten Elementen eignet sich auch, um die vielen Möglichkeiten und die Lebendigkeit von Naturgärten anschaulich zu zeigen. Denn Dynamik ist ein Markenzeichen von Naturgärten: „Wandernde" Pflanzen sorgen durch Aussaat und Ausläufer innerhalb einer Saison und im Laufe der Jahre immer wieder für neu kombinierte, bunt gemischte Gartenbilder. Auch die Gartenanlagen selbst müssen nicht statisch sein. Pflanzen lassen sich bei Bedarf umpflanzen oder schneiden, und eine Trockenmauer ohne Mörtelfugen kann einfach Stein für Stein abgebrochen und wiederverwendet werden. Diese Steine können dann für andere Projekte wie Einfassungen, Steinhügel oder als Wegebelag ein neues Einsatzgebiet finden. In derselben Weise kann auch Baumschnitt als Baumaterial für Benjeshecken dienen, die wiederum zu wertvollem Humus verrotten, der direkt bepflanzt oder im Gemüsegarten verteilt werden kann. So ist alles im Kreislauf, individuell gestaltbar, immer wieder überraschend neu und gleichzeitig eine unerschöpfliche Quelle für Entdeckungen, kreative Projekte, individuelle Interessen und Hobbys.

Dynamische Teichentwicklung:
Erste Ansaat und Bepflanzung

Ansicht im darauffolgenden Frühjahr

Bunte Blütenpracht im Sommer

und Herbstansicht nach 7 Jahren

FÖRDERUNG DER ARTENVIELFALT DURCH GELÄNDEFORMEN

Die Form des Geländes spielt für die Entwicklung der Artenvielfalt eine entscheidende Rolle. So weist eine ebene Acker-, Wiesen- oder Gartenfläche an jedem Punkt eine ähnliche Belichtung, Temperatur, Wasser- und Nährstoffversorgung auf. Solche Standorte sind ideal für ein gleichförmiges Wachstum von Kulturpflanzen und große Gemeinschaften von Wildpflanzen, die an die vorherrschenden Klima- und Bodenbedingungen angepasst sind, aber nicht unbedingt für ein breites Spektrum an spezialisierten Tier- und Pflanzenarten. Mit einem Hügel oder einer Senke wird die Pflanzenvielfalt auf gleicher Fläche spannender, da für Pflanzen neue Klimabedingungen entstehen. An Wintertagen entstehen schon an einem kleinen Maulwurfshügel unterschiedliche Temperaturbereiche und damit deutlich unterschiedliche Mikroklimata. Seine warme Südseite mag dann aus feinkrümeliger Erde bestehen, während die nach Norden gerichtete Seite noch fest gefroren ist. Dasselbe lässt sich auch im größeren Maßstab beobachten: Je nach Himmelsausrichtung bieten Wälle, Hügel und Vertiefungen unterschiedliche Wachstumsbedingungen für eine große Bandbreite von Pflanzenarten und punkten außerdem mit einer vergrößerten Oberfläche.
Eine weitere Bereicherung der Artenvielfalt bietet die Vertiefung eines Geländes. In Pfützen, Kuhlen und Tälern kann sich Feuchtigkeit zeitweise oder dauerhaft ansammeln und damit neue Lebensräume für Pflanzen und Tiere schaffen. So lässt sich durch die gezielte Anlage und Kombination von Flächen, Hügeln, Haufen und Senken selbst in kleinen Gärten ein ungewöhnlich breites Spektrum an spannenden Lebensräumen gestalten.

KAPITEL

01 GELÄNDE

Vielfältige Geländestrukturen sorgen nicht nur für artenreiche Lebensräume, sondern bieten auch spannende, ungewohnte Perspektiven auf die Pflanzen.

ELEMENT 01.01 EBENE, FLÄCHE

Gerade, ebene Flächen ohne Bewuchs sind der Bewitterung durch Sonne, Wind und Regen schutzlos ausgeliefert, da wertvoller Humus leicht vom Wind abgetragen oder bei Starkregen weggeschwemmt werden kann. Pflanzen sind die Lösung, diese Probleme zu verhindern. Sie bedecken den Boden und schützen ihn vor extremer Hitze, Kälte, Austrocknung und Erosion. Außerdem befestigen die Pflanzenwurzeln den Boden, wodurch Niederschlagswasser und Feuchtigkeit vor Ort gehalten werden. Dies ermöglicht das Wachstum von Pflanzen, die Bildung von Humus und schafft ein lebensfreundliches Mikroklima für viele verschiedene Lebewesen, die sich auf den verschiedenen Ebenen der Wiese tummeln – von der Blüten-, Blatt-, Streu- bis zur Bodenschicht.

Auf einer ebenen Wiese finden Pflanzen einheitliche Bedingungen vor – dieselbe oder ähnliche Belichtung, Temperatur, Bewitterung und Bodenqualität. Diese Einheitlichkeit kann die Vielfalt der Arten einschränken, da sich hier wachstumsstarke, besonders gut an solche Standorte angepasste Pflanzenarten durchsetzen und dominant werden können. Mit Sträuchern und Bäumen kann eine Fläche für vielfältiges Leben deutlich attraktiver gestaltet werden. Gehölze schaffen durch ihre Wuchshöhe und Größe zusätzliche Lebensräume und ein vielfältigeres Mikroklima. Sie halten den Wind ab und durch ihren Schattenwurf entstehen mehr oder weniger trockene und warme Zonen, die dann von sehr unterschiedlichen Pflanzen- und Tierarten genutzt werden können. Sehr effektiv sind auch ergänzende Strukturen wie Steine und Totholz in verschiedensten Größen und Formen. Sie bieten weiteren Lebensraum, Unterschlupf, Nistraum und Nahrungsquelle. Dabei liefert Holz wichtige Nährstoffe, fördert die Bildung von Humus und besitzt vor Hitze und Kälte isolierende Eigenschaften. Steine dagegen können Wärme speichern und zeitverzögert wieder abgeben; sie wirken also wie „Heizkörper". Dies führt zur Bildung von Bereichen, die Pflanzen und Tiere vor extremen Hitze- und Kälteeinwirkungen, Trockenheit und übermäßiger Nässe schützen. Um möglichst viele unterschiedlich gestaltete Lebensräume und Nahrung für Pflanzen und Tiere zu schaffen, lohnt es sich daher, einförmige Flächen mit einer Vielfalt von Wiesenpflanzen, Gehölzen und natürlichen Materialien aufzuwerten.

VIELFALT DURCH DIVERSIFIZIERUNG

Die Energie, welche in Form von Sonnenlicht und Wärme sowie Regenwasser auf einer Fläche auftrifft, ist mit und ohne Bewuchs gleich. Erst Pflanzen bewirken z.B. durch eine andere Verteilung des Regenwassers durch ihre Blätter und Schattenwurf eine unterschiedliche Verteilung der Ressourcen auf einer Fläche. Um eine Pflanze herum kann sich so ein fein abgestuftes Mikroklima entwickeln – es entstehen neue Lebensräume und Standortbedingungen für weitere Tier- und Pflanzenarten.

Regeneration einer Ackerfläche. Durch gezielte Ansaat und Pflanzung von regional angepassten Gräsern und Kräutern kann eine ebene Fläche vielfältige Strukturen erhalten – ein lebensfreundliches Mikroklima entwickelt sich und es entsteht ein wertvoller Lebensraum für viele neue Arten.

UNGESCHÜTZTE ERDE

Bei offenen Bodenflächen haben Wind und Wetter leichtes Spiel. Leichte Partikel und Humus können durch Wind und Starkregen abgetragen werden – es kommt zu Erosion. Auf großen Flächen kann so ein wüstenähnliches, trockenes Mikroklima mit extremen Temperaturschwankungen entstehen, dass nur wenigen Arten einen geeigneten Lebensraum bietet.

GRÄSER UND KRÄUTER

Der dichte Pflanzenteppich einer Wiese schützt den Boden vor Austrocknung und Erosion, indem die Oberfläche bedeckt, durchwurzelt und durch Beschattung extremen Temperaturen und der Erosion entgegenwirkt. Durch abgestorbenes Pflanzenmaterial kann sich Humus bilden, der Feuchtigkeit und Nährstoffe bindet und diese dosiert an Pflanzen abgibt. Dadurch entsteht ein lebensfreundliches Mikroklima, das weiteren Pflanzen und Tieren Lebensraum bietet.

STRUKTUREN

Natürliche Materialien in verschiedenen Größen und Formen schaffen Strukturen als Lebensraum, Unterschlupf und Nistraum. Holz liefert Nährstoffe, bildet Humus und besitzt isolierende Eigenschaften. Steine können Wärme speichern und sie gepuffert wieder abgeben. Dadurch entstehen gemäßigte Mikroklimata, die Pflanzen und Tiere vor großer Hitze, Kälte, Trockenheit und Nässe schützen können.

GEHÖLZ

Sträucher und Bäume sind aufgrund ihrer Größe und Masse sehr effektive Klimaelemente. Sie dienen als natürliche Schutzbarrieren gegen Wind und Wetter und bewirken eine unterschiedliche Verteilung von Licht, Niederschlag und Nährstoffen, was zu einem vielschichtigen Mikroklima führt. Durch diese Variationen entstehen im Umfeld von Gehölzen Zonen mit unterschiedlichen Feuchtigkeitsniveaus, Lichtverhältnissen sowie Nährstoffgehalt, welche den vielfältigen Bedürfnissen von Pflanzen und Tieren gut entsprechen. Darüber hinaus produzieren Bäume und Sträucher eine beträchtliche Menge an Laub, Holz und Früchten, die vielen unterschiedlichen Arten als Nahrungsquelle dienen und zum Humusaufbau beitragen.

ELEMENT 01.02 HÖHEN

Geländeformen wie Hügel und Anhöhen jeglicher Art und Größe können die Artenvielfalt erhöhen. Eine parabelförmige Erhebung von einem Meter Höhe auf einer Grundfläche von drei Metern Durchmesser führt beispielsweise zu einem Flächenzuwachs von etwa 27 Prozent. Dadurch entsteht mehr Raum für Pflanzen auf derselben Grundfläche, und es entstehen verschiedene Klimazonen, die ein breiteres Angebot an Lebensräumen für Pflanzen und Tiere bieten. Im Vergleich zu einer ebenen Fläche erhöht dies die Vielfalt der Lebensräume.

Pflanzen werden durch eine hügelige Form unterschiedlich mit Licht, Wärme, Wasser und Nährstoffen versorgt und sind Wind und Wetter mehr oder weniger stark ausgesetzt.

Wenn es z.B. regnet oder schneit, verteilt sich das Wasser nicht gleichmäßig. Besonders viel Wasser sammelt sich im unteren Teil des Hügels und auf der windabgewandten Seite an – ideale Standorte für Pflanzenarten, die feuchte Bedingungen bevorzugen. Dagegen sind die klimatischen Bedingungen auf der Hügelkuppe und an dessen Südseite trockener und bieten daher ideale Bedingungen für hitze- und trockenheitsverträgliche Pflanzen wie Echter Lavendel, Oregano, Salbei- und Thymianarten. Dagegen lassen sich bei ausreichender Feuchtigkeit verschiedene Moose, Flechten, Pilze und Farne im Schatten der Nordseite ansiedeln oder finden von selbst ihren Weg dorthin.

Dank der Hügelform können Pflanzen mit sehr unterschiedlichen Ansprüchen nur wenige Meter voneinander entfernt ideale Standorte finden. Dies bietet eine Gelegenheit, seltene „Spezialisten" unter den Pflanzen zu integrieren. Diese Pflanzen haben sich im Laufe der Zeit an spezielle Standorte angepasst, die besonders heiß, trocken, nährstoffarm, schattig oder feucht sind. Nährstoffarme, schotterige, sandige bis steinige Hügel können daher konkurrenzarme Überlebensinseln darstellen. Im Vergleich zu einer ebeneren Fläche eröffnet die Hügelform deutlich mehr Möglichkeiten, um selbst auf kleinem Raum den speziellen Anforderungen einer Vielzahl von Pflanzen gerecht zu werden. Davon können insbesondere tierische Spezialisten profitieren, die auf ganz bestimmte Kombinationen von Pflanzen und Lebensräumen angewiesen sind.

GENERALISTEN UND SPEZIALISTEN

Generalistische Pflanzen- und Tierarten können sich flexibler an unterschiedliche Umweltbedingungen anpassen als spezialisierte Arten. Der stark gefährdete Helle Wiesenknopf-Ameisenbläuling *(Phengaris teleius)* ist ein gutes Beispiel für eine hochspezialisierte Art. Sowohl der Falter als auch seine Raupen nutzen hauptsächlich den Großen Wiesenknopf *(Sanguisorba officinalis)* als Futterpflanze, der auf den immer seltener werdenden Feuchtwiesen gedeiht. Zusätzlich ist die Raupenform auf eine Ameisenart als Wirt angewiesen.

01 GEWÖHNLICHER NATTERNKOPF *(Echium vulgare)*
02 GEWÖHNLICHE NACHTKERZE *(Oenothera biennis)*
03 ECHTES JOHANNISKRAUT *(Hypericum perforatum)*
04 WIESEN-SALBEI *(Salvia pratensis)*
05 ECHTER LAVENDEL *(Lavandula angustifolia)*
06 WILDE KARDE *(Dipsacus fullonum)*
07 OREGANO *(Origanum vulgare)*

Viele unterschiedliche Pflanzenarten profitieren von der warmen, heißen Südseite dieses Hügels, während auf der gegenüberliegenden Nordseite feuchtigkeitsliebende Schattengewächse gedeihen.

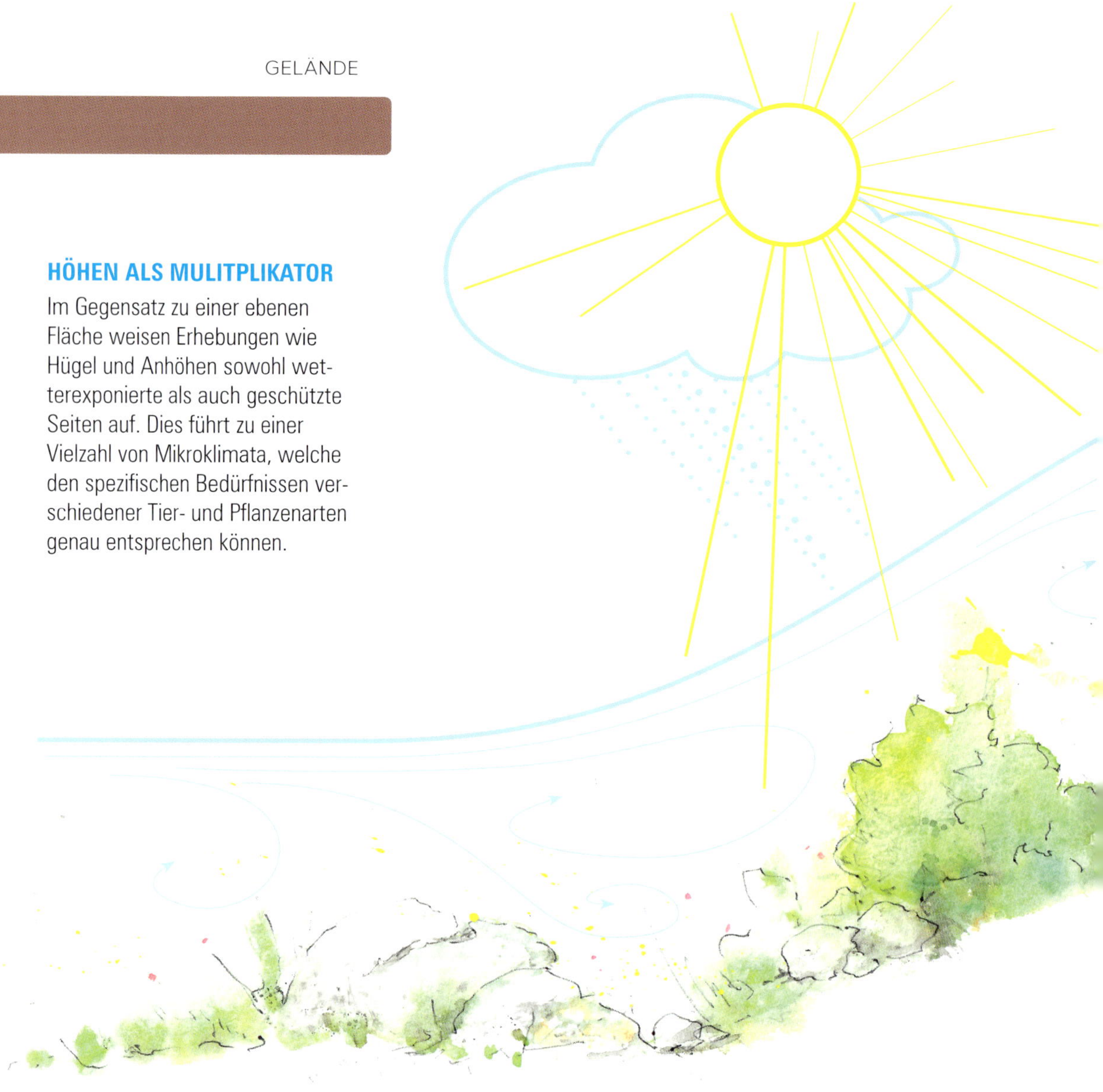

HÖHEN ALS MULITPLIKATOR

Im Gegensatz zu einer ebenen Fläche weisen Erhebungen wie Hügel und Anhöhen sowohl wetterexponierte als auch geschützte Seiten auf. Dies führt zu einer Vielzahl von Mikroklimata, welche den spezifischen Bedürfnissen verschiedener Tier- und Pflanzenarten genau entsprechen können.

MIKROKLIMA

Ob Maulwurfshügel, Stein, Baum, Strauch oder Grasbüschel – alle vereint eine wärmere, trockenere Südseite und eine kühlere, feuchtere Nordseite. Die dabei variierenden Mikroklimata sprechen dabei verschiedene Tier- und Pflanzenarten an und sind somit ein wichtiger Baustein für eine möglichst große Artenvielfalt.

WIND UND WETTER

Erhebungen bieten der Witterung Widerstand, indem sie den Wind bremsen, ablenken und verwirbeln. Dadurch entstehen stärker und schwächer bewitterte Flächen, die „stufenlos" um eine Hügelfläche verlaufen und sehr unterschiedliche Temperatur-, Feuchtigkeits- und Nährstoffzonen bilden können.

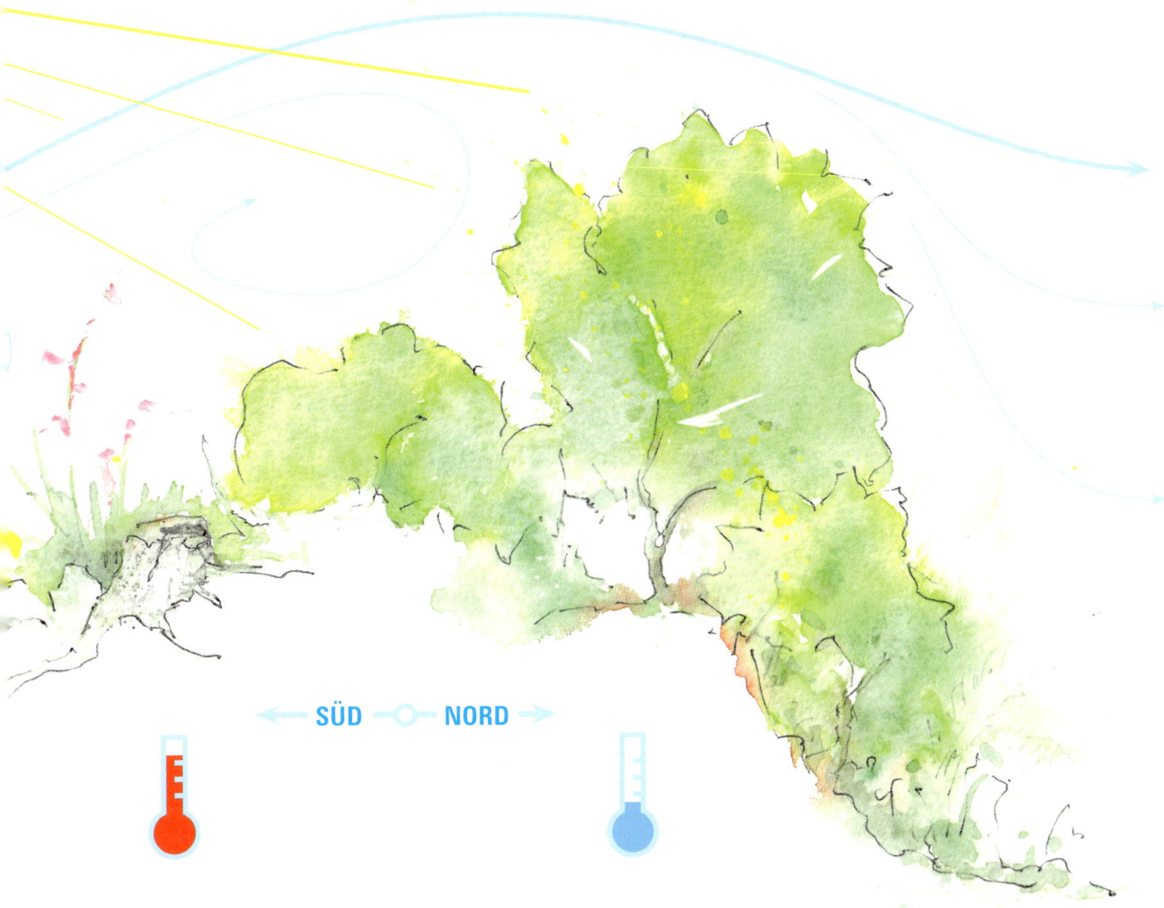

LICHT UND TEMPERATUR

Im Wechsel der Jahreszeiten und entsprechend ihrer Himmelsausrichtung werden Hügelflächen unterschiedlich intensiv von der Sonne beschienen. Dabei erwärmt sich die Südseite am stärksten, da durch die Hügelschräge Sonnenstrahlen schon im Frühjahr vermehrt nahezu senkrecht auf den Boden auftreffen können.

FEUCHTIGKEIT

Durch die Neigung, Schwerkraft und die Einwirkung der Wetterseite sammelt sich verstärkt Regenwasser, Schnee und Feuchtigkeit auf der Nordseite und im unteren Bereich einer Erhebung an. Durch Verdunstung an sonnenexponierten Flächen trocknen Kuppen und Höhen außerdem schneller ab und sind anfälliger für Erosion.

HUMUS UND NÄHRSTOFFE

Erhebungen bieten Wind und Wetter Widerstand. Dadurch können sich neben Wasser auch Nährstoffe wie Laub und Mineralien im unteren Bereich einer Erhebung ansammeln. An solchen Standorten finden nährstoff- und feuchtigkeitsliebende Pflanzen besonders gute Wachstumsbedingungen vor.

ELEMENT 01.03 SENKEN

KÄLTEFALLE

In schattigen Vertiefungen und Tälern, in denen die Luft nicht abfließen kann oder nicht vom Wind durchmischt wird, kann sich kalte Luft ansammeln, da sie schwerer ist als warme Luft. Dies schafft mikroklimatische Unterschiede, die das Überleben bestimmter, darauf spezialisierter Arten begünstigen, für andere jedoch auch erschweren können.

Wasser zieht Leben an. Das lässt sich rasch an jeder Mulde oder Senke feststellen, sobald Regenwasser oder Feuchtigkeit sich darin sammeln. Ob feuchte Wiesen, kleine Pfützen, Fahrrinnen, tiefe oder flache Mulden, Teiche, Weiher und fließende Gewässer – Wasser- und Uferzonen sind wie Magnete, die rasch von vielen Tier- und Pflanzenarten genutzt und besiedelt werden. Selbst typische Landbewohner profitieren: Sie finden hier Trinkwasser, ein reiches Futterangebot an Würmern und Insekten, Kühlung und sogar Baumaterial. So erhalten hier beispielsweise Schwalben und Wildbienen feuchten Lehm, Schlamm und Sand als Mörtel für ihre Nester.

Ob stehendes, wechselfeuchtes oder fließendes Gewässer – auch bei Senken und Mulden ist ein vielfältiges Angebot bezüglich Größen, Formen, Tiefen und Strukturen Trumpf zur Steigerung der Artenvielfalt. Selbst zeitweise austrocknende Wasseransammlungen können damit ideale Lebensräume darstellen, wie das Beispiel der Gelbbauchunke *(Bombina variegata)* zeigt. Deren Überlebenschancen sind in solchen periodischen Gewässern höher, da sich hier Fressfeinde wie Fische und Libellenlarven nicht etablieren können. Es muss daher nicht immer der klassische Teich oder Weiher sein, Hauptsache nass oder zumindest feucht und variationsreich.

Wasseransammlungen wie Moore, Teiche, Seen und sogar Bäche spielen eine wichtige Rolle als natürliche Wasserspeicher und beeinflussen unser Klima. Wenn Regenwasser nicht sofort abfließt, sondern auf natürliche Weise über Verdunstung, Versickerung und langsamen Abfluss abgegeben wird, verringert sich das Risiko von Dürren und Überschwemmungen. Selbst kleine private Gärten und Anlagen können dazu beitragen, indem sie Regenwasser nicht sofort von den Dächern ableiten, sondern es stattdessen vor Ort versickern lassen oder in Senken, Teichen oder Wasserbecken sammeln.

Besonders effektiv für die Speicherung von Feuchtigkeit ist humusreicher Boden, der von Pflanzen bedeckt ist, wie beispielsweise Wiesenflächen, dicht bepflanzte Blumenbeete oder Flächen im Schatten von Bäumen und Sträuchern. Im Gemüse- oder Obstgarten hilft eine Mulchschicht aus Gras, Blättern oder Stroh, die Bodenfeuchtigkeit zu erhalten und ein ausgeglicheneres Klima zu schaffen.

01 GEWÖHNLICHE PESTWURZ
(Petasites hybridus)
Gewässer geben stetig Feuchtigkeit an Boden und Luft ab. Dadurch kann sich eine sehr üppige Ufervegetation entwickeln.

WÄRMEFALLE

Nach Süden ausgerichtete Felsen, Steine, Mauern und Wasserflächen erwärmen sich tagsüber und geben die Wärme in der Nacht wieder ab. Wenn der Wind oberflächlich über eine Kuhle hinwegstreicht, kann sich die darunter gefangene Luft stärker erwärmen.

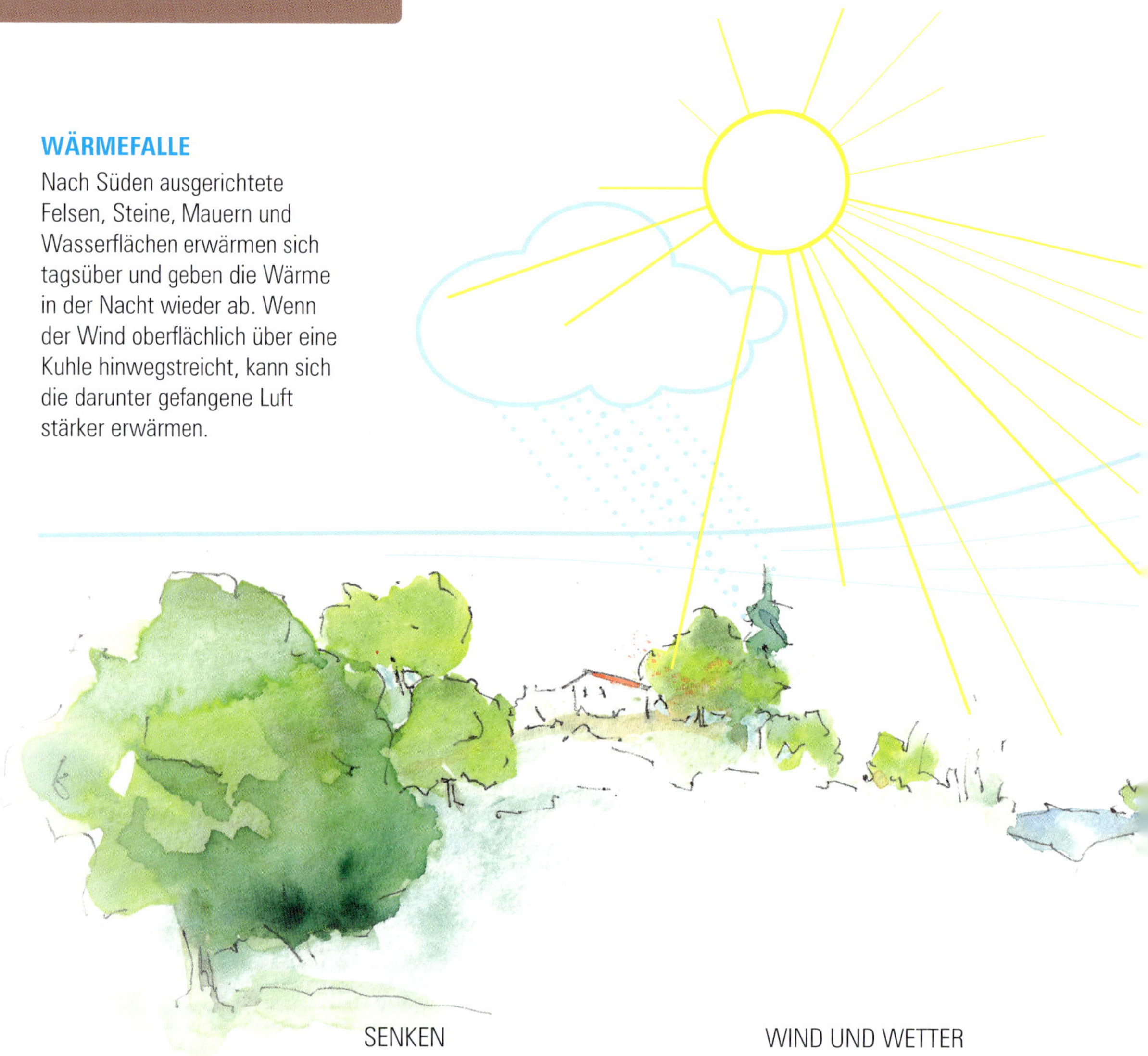

SENKEN

Vertiefungen im Gelände wie Mulden und Rinnen können je nach Form, Gefälle, Untergrund und Verdunstungsgrad schnell trockenfallen oder aber stehendes und fließendes Wasser enthalten. Ihnen allen gemeinsam ist, dass sie ähnlich einem „negativen" Berg unterschiedliche Wärme- und Feuchtigkeitsverteilungen aufweisen.

WIND UND WETTER

Mulden und Rinnen, die in der Hauptwindrichtung ausgerichtet sind, wirken wie Kanäle. Wenn sie hingegen gebogene, mäandrierende Formen aufweisen, mildern sie Wind und Wetter ab, was zur Entstehung vielfältiger und kleingliedriger Mikroklimata führen kann.

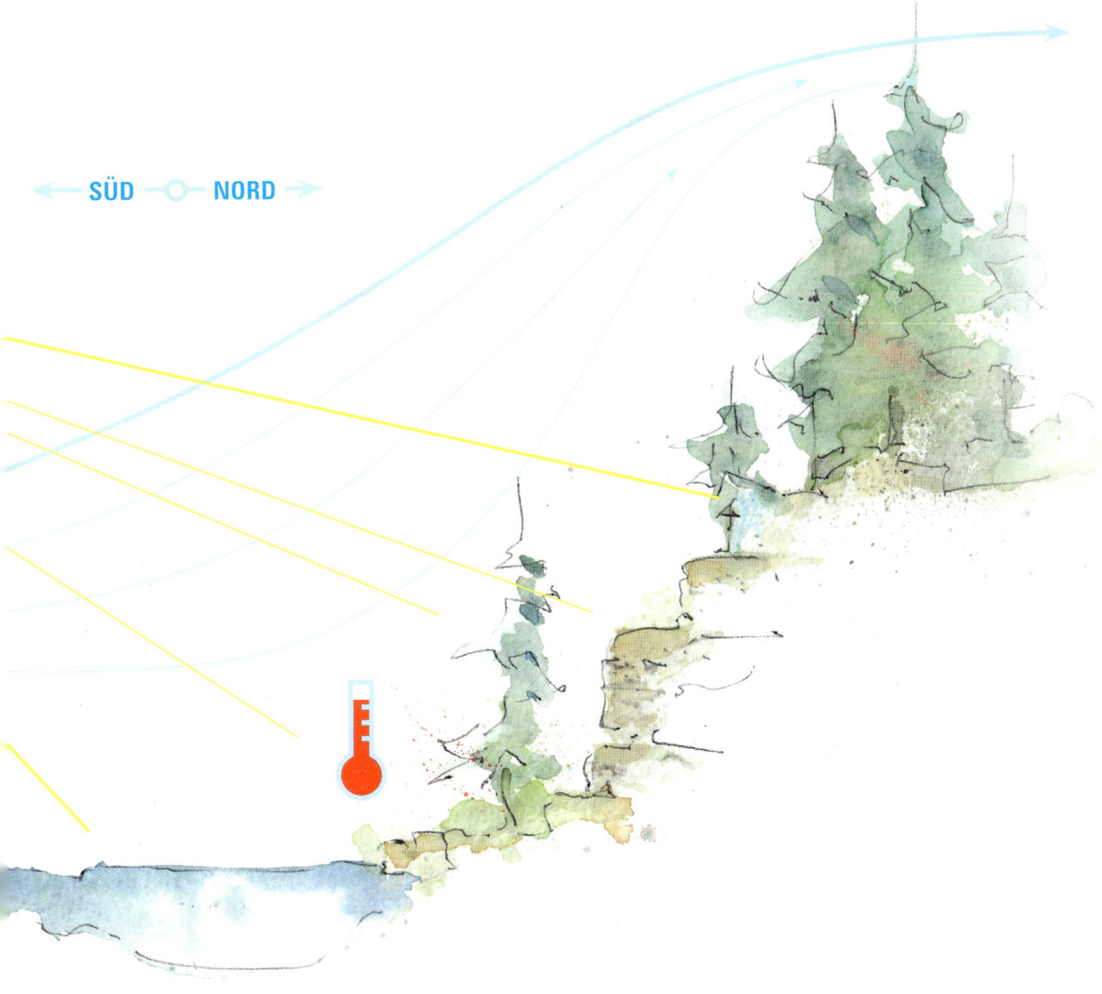

HUMUS UND NÄHRSTOFFE

Durch Erosion werden Anhöhen abgetragen und Senken gefüllt. Dabei können sich Schwemmstoffe wie Humus und Nährstoffe in unterschiedlicher Dicke und Zusammensetzung ablagern, abhängig von der Geländeform, Hauptwindrichtung und dem Bewuchs – Chancen für sehr unterschiedliche Bedürfnisse von Pflanzen und Tieren.

FEUCHTIGKEIT

Quell-, Regen- und Tauwasser sammeln sich am tiefsten Punkt. Abhängig vom Untergrund kann Wasser in Senken versickern, sich dauerhaft an der Oberfläche ansammeln oder als Bach abfließen. Dadurch entsteht ein vielfältiger Lebensraum in leicht durchfeuchteten bis dauerhaft wasserführenden Bereichen.

LICHT UND TEMPERATUR

Die Form, Lage und Bodenbeschaffenheit einer Mulde beeinflusst die Ansammlung von Wärme und Kälte. Durch passende Bepflanzung und Gestaltung lassen sich diese Effekte verstärken oder reduzieren. Pflanzen bieten Schutz vor vegetationsfreiem Untergrund – beispielsweise Steine, die sich zu stark aufheizen. Umgekehrt können geschickt platzierte Steine in kalten Umgebungen auch willkommene Wärme abgeben.

ELEMENT 01.04 HAUFEN UND WÄLLE

In Gärten mit einem breiten Angebot an vielfältig aufgehäuften Materialien, Strukturen und Hügelformen lässt sich ein besonderer Artenreichtum beobachten, da solche Anhäufungen aufgrund ihres Materials, dessen Dichte, Wärmekapazität und Volumen die Bedürfnisse von sehr unterschiedlichen Tier- und Pflanzenarten erfüllen können. Ähnlich wie bei natürlichen Hügeln entwickeln Aufschüttungen und Wälle allein durch ihre äußere Form ein vielfältiges Mikroklima mit unterschiedlichen Temperatur- und Feuchtigkeitszonen. Durch das Einbringen verschiedener Materialien mit unterschiedlichen Dichten kann dieser Lebensraum noch reichhaltiger und somit noch attraktiver für viele weitere Tierarten gestaltet werden, denn die Fähigkeit eines Materials, Wärme mehr oder weniger gut zu speichern, spielt eine bedeutende Rolle bei der Entwicklung des Mikroklimas. Dies zeigt sich besonders eindrucksvoll bei Steinen, die Sonnenenergie in Form von Wärme sehr gut speichern und diese mit zeitlicher Verzögerung wieder abgeben können. Auf diese Weise gleichen sie extreme Temperaturschwankungen aus und können wärmebedürftige sowie frostempfindliche Pflanzen und Tiere in kalten Nächten vor Erfrierungen schützen. Die von Haufen aus organischem Material ausgehende Wärme, die aus unterschiedlich feinen bis groben Materialien wie Gras, Heu, Stroh und Ästen besteht, kommt vielen weiteren Lebewesen zugute. Hierbei entwickeln sich Zersetzungsvorgänge, die ein im Vergleich zur Umgebung wärmeres und geschütztes Klima schaffen. Kompostanlagen, Hügelbeete, Benjeshecken, Totholzwälle und Sandarien bieten aus diesem Grund einen wertvollen Lebensraum für viele Tierarten, darunter Mikroorganismen, Asseln, Käfer, Würmer, Spinnen, Eidechsen, Molche, Frösche und kleine Säugetiere. Diese wiederum dienen als Nahrungsgrundlage für weitere, größere Säugetiere und Vögel. Hügel und Wälle mit verschiedenen Größen der Zwischenräume und unterschiedlichen Zusammensetzungen können daher auch den speziellen Anforderungen von spezialisierten Pflanzen und Tieren gerecht werden und sich so zu spannenden Lebensräumen entwickeln, die die Vielfalt und Schönheit unseres Gartens bereichern.

SANDARIUM

Haufen und Wälle aus nährstoffarmen Materialien wie beispielsweise Sand, Kies und Steinen sowie Mischungen daraus können wertvolle Überlebensinseln für spezialisierte, seltene Pflanzen und Tiere darstellen. Im Laufe der Zeit sammeln sich auf ihnen jedoch nährstoffreiche, feine Partikel an, was den Nährstoffgehalt des Standorts und damit den Konkurrenzdruck durch nährstoffliebende Pflanzen ansteigen lässt. Zum Erhalt von mageren Standorten, die den Spezialisten gefallen, sollten daher wuchsstarke und meist ohnehin häufig anzutreffende Pflanzenarten regelmäßig gejätet und entfernt werden.

85 °C

Ein Kompost kann bei einem „idealen" Zusammenspiel von Materialdichte und Feinheit sowie Sauerstoff- und Feuchtegehalt Temperaturen von bis zu 85 °C erreichen!

Eine geschwungene, ehemalige Benjeshecke wurde zu wertvollem Humus zersetzt. Übrig blieb ein niedriger Wall, der mit Kompost und einer Mulchschicht bedeckt ist und auf der Südseite einen warmen und nährstoffreichen Standort für Kürbisse, Gurken und Melonen bietet.

VIELFALT DURCH VIELFALT

Haufen und Wälle aus organischen Rest- und Abfallstoffen sowie unbedenklichen Baumaterialien eignen sich, um ein Gelände abwechslungsreich zu modellieren. Eine dynamische, formen-, struktur- und materialreiche Gestaltung in verschiedenen Höhen, Tiefen und Breiten sorgt dabei nicht nur für Spannung und Abwechslung fürs Auge, sondern auch für zahlreiche Klimabereiche und damit für pulsierendes Leben.

01 große Wurzeln, Stämme, Äste
02 Kompost
03 Steinhäufen und Steinmauern
04 Laub und Staudenrückschnitt
05 Tot- und Restholz
06 Sand, Schotter, Kies
07 trockener bis nasser Lehm
08 Rückschnittmaterial, Zweige
09 verschiedene Bodenqualitäten
10 Rinde, altes Stroh, Heu
11 unbelastete Baumaterialien und Kombinationen daraus

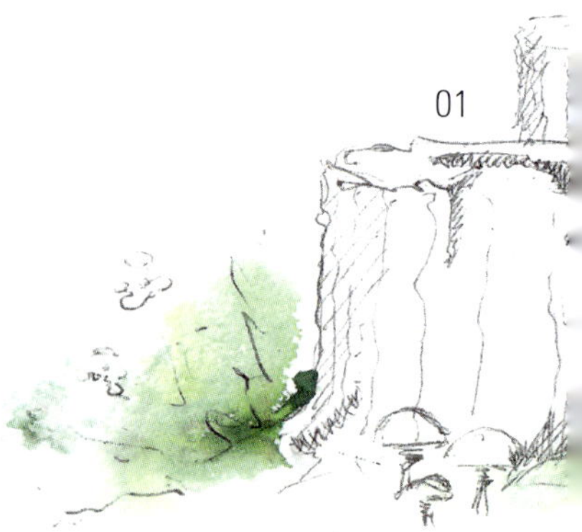

MATERIAL

Jedes Material hat spezifische Eigenschaften bezüglich Nährstoffgehalt, pH-Wert, Feuchtigkeits- und Wärmespeicherung, Aufbau, Haltbarkeit und Erosionsverhalten. Ein breites Angebot an mineralischen und organischen Materialien in Gärten kann daher den vielfältigen Bedürfnissen einer Vielzahl von Tier- und Pflanzenarten gerecht werden.

STRUKTUR

Zur Steigerung der Artenvielfalt sind unterschiedlich grobe und feine Materialien sowie verschieden große Zwischen- und Hohlräume wie Höhlen, Löcher und Risse sinnvoll. Auch die Menge und Schichtung der Materialien spielt eine Rolle für verschiedene Tier- und Pflanzenarten – von luftig bis kompakt, weich bis hart oder glatt bis rau und sogar stachelig.

MIX

Auch eine Kombination aus groben und feinen Materialien und Strukturen kann spezielle Anforderungen erfüllen. Die Natur bietet viele Ideen dazu, wie dicke, alte Baumstümpfe, die im Wasser oder Sumpf liegend, in der Erde verrottend oder von feinem Sand bedeckt, Lebensraum, Nistplätze sowie Futter für Insektenlarven bieten können.

GESTALTUNG UND FORM

Niedrige, hohe, schmale, breite, gerade oder geschwungene Haufen, Wälle, Kompostanlagen oder Totholzhecken bieten vielfältige Gestaltungsmöglichkeiten für Gartenanlagen. Geschwungene Formen ermöglichen fließende Übergänge zwischen verschiedenen Klimazonen, was den vielfältigeren Bedürfnissen von Arten eher entgegenkommt als geradlinige Formen.

ELEMENT 01.05 MISCHGELÄNDE

DIE MISCHUNG MACHTS. DIE ARTENVIELFALT WIRD GEFÖRDERT DURCH:

- vielgestaltige Geländeform
- viele verschiedene Pflanzen
- natürliche Materialien
- feine bis grobe Strukturen

URSACHEN DES ARTENSTERBENS

- Zerstörung von Lebensräumen
- Übernutzung
- Verschmutzung
- Klimaveränderung
- Verdrängung und Aussterben
- eingeschleppte, invasive Arten und Krankheitserreger

Vielfalt erzeugt Vielfalt. Abwechslungsreiche Geländeformen und natürliche Materialien in verschiedenen Dimensionen und Strukturen bilden die Grundlage für eine breite Palette an Lebensformen.

Durch die Ausbreitung von kleinteiligen landwirtschaftlichen Flächen und Gärten entstand im Laufe der Zeit ein Mosaik aus vielfältig gestalteten Äckern und Wiesen, das größere, schattige Waldflächen ersetzte. Durch Bewirtschaftung und Weidetiere entstanden offene „Sonnenfenster" und ein abwechslungsreiches Mikroklima. Dadurch gelangten Licht und Wärme auch in niedrigere Bodenschichten, was das Wachstum von kleineren Gehölzen, Kräutern und Gräsern ermöglichte.

Auch wenn es widersprüchlich erscheint – die Artenvielfalt profitierte von der vielfältigen individuellen Bearbeitung durch den Menschen, da diese in ihrer Art, Intensität und zeitlichen Abfolge immer variierte. Dies begünstigte bestimmte Pflanzen- und Tierarten an manchen Stellen stärker und an anderen weniger stark. Durch einen vielfältigen Mix an landwirtschaftlichen Bewirtschaftungspraktiken und kleinflächigen Eingriffen, wie zum Beispiel dem Pflügen von kleinen Äckern und dem Mähen von Wiesen, hatten Pflanzen- und Tierbestände die Möglichkeit zu überleben, auszuweichen und sich zu erholen. Die kleinteilige Bewirtschaftung, die einst für die Artenvielfalt gesorgt hat, ist nun durch große, intensiv bewirtschaftete Äcker und Wiesen, Monokulturen, den Einsatz von Pestiziden und Düngemitteln sowie die Bebauung bedroht. Die Störung des Gleichgewichts der Arten und der Verlust an Biodiversität kann weitreichende Folgen haben: Schädlinge können überhandnehmen, Bestäubungsleistungen ausfallen und somit Nahrungsgrundlagen für Menschen und Tiere gefährden. Daher sind heute viele, auch noch so kleine private Gärten umso wichtiger. Sie können lebenswichtige Rückzugsgebiete für wilde Pflanzen und Tiere schaffen und ein buntes, weit verzweigtes Netzwerk zur Wanderung und zum Austausch der Arten etablieren. Das Schöne daran ist, dass eine vielfältige und individuelle Gestaltung, Pflege und Bearbeitung von Naturgärten für die Artenvielfalt sogar von Vorteil sind, und somit jeder sein ganz persönliches Gartenparadies anlegen kann.

Zur Gestaltung des Hügels wurde die Aushuberde des danebenliegenden Teiches verwendet. Dabei grenzt die Steinmauer zum Weg hin ab, sichert das Erdreich gegen Abrutschen und folgt dabei der geschwungenen Form des Hügels.

MAGERE UND EXTENSIV GENUTZTE WIESEN – GEDRÄNGTE VIELFALT AUF MEHREREN EBENEN

Der vielschichtige und reiche Lebensraum der Wiese entstand ursprünglich durch große Herden von Wildtieren und später durch die landwirtschaftliche Beweidung und Mahd. Aufkeimende Büsche und Bäume wurden so niedergehalten und eine Verbuschung als Übergangsphase zur Waldbildung verhindert. Verbiss, Tritte und Dung von Weidetieren wirkt dabei humusaufbauend und liefern Nährstoffe für viele weitere Tier- und Pflanzenarten.
Laut einer Studie aus Großbritannien wurden allein in einem Hektar Wiesenfläche 2000 bis 5000 Insektenarten gefunden, die in den verschiedenen Ebenen der Blüten-, Blatt-, Streu- und Bodenschicht einer extensiv bewirtschafteten Wiese leben können. Diese Artenvielfalt ist allerdings nur möglich, wenn Wiesen schonend beweidet oder gemäht werden und keine zusätzliche Düngung mit Gülle oder Kunstdünger vorgenommen wird. Besonders wuchsstarke Pflanzen können sich sonst vermehrt durchsetzen, was sich stark selektierend auf die Anzahl von Pflanzenarten eines Standorts auswirkt. Auch zu frühe oder mehr als drei Schnitte im Jahr wirken sich negativ auf die Artenvielfalt aus. Ein- bis zweijährige Blühpflanzen kommen dann nicht mehr zur Samenreife, und Lichtkeimer finden durch dichten Bewuchs keine offenen Bodenstellen zur Keimung. Noch erhaltene Naturstandorte von Mager-, Feucht- und Salzwiesen sowie Trockenrasen sollten daher unbedingt erhalten, mit weiteren Biotopen vernetzt und damit gefördert werden. Der eigene Naturgarten kann dabei ein wertvoller Mosaikstein sein.

KAPITEL

02 WIESE

Dicht an dicht gedrängt: Blätter, Halme und Samen – Futter im Überfluss für große und kleine Säugetiere, Vögel, Insekten und viele andere Tierarten.

ELEMENT 02. 01 WIESE WIE SE WILL

Wiesenpioniere: Acker-Kratzdistel

Gänseblümchen

Gewöhnlicher Löwenzahn [1]

Kleine Braunelle

Was tun bei kahlen, verdichteten und steinigen Flächen rund um das Haus, wie sie z.B. nach Bauarbeiten bestehen? Anstatt die Fläche mit Humus aufzufüllen und Einheitsgrün zu säen, ist es spannender, die Entwicklung einer brachliegenden Fläche zu beobachten. In kurzer Zeit entsteht dabei eine überraschend vielfältige Vegetation, die täglich neue Entdeckungen aus dem Tier- und Pflanzenreich bietet. Offener Boden ermöglicht in einer ersten Phase die Besiedelung durch Pionier- oder Ruderalpflanzen, die auch als Beikräuter im Nutzgarten bekannt sind und teilweise jahrelang auf ihre Chance warten können. Nach kürzester Zeit wird man dann mit einer bunten Vielfalt an ein- bis zweijährigen Pflanzen belohnt, die sich mit ihrem Lebenszyklus beeilen müssen, bevor dichter Bewuchs von dauerhaften Wiesenpflanzen ihnen den Lebensraum streitig macht. Anpassungsfähige Arten, die den Standort, die Bodenbeschaffenheit und das Angebot an Nährstoffen und Licht besonders gut nutzen können, setzen sich dabei durch. Auf nährstoffreichen und leicht schattigen Brachflächen finden sich Pflanzen wie Brennnesseln, Taubnesseln, Gundermann, Giersch und Vogelmiere ein, während sich Gewöhnlicher Hornklee, Löwenzahn, Spitzwegerich, Kriechender Hahnenfuß sowie Kletten-, Königskerzen- und Distelarten an sonnigeren Standorten wohlfühlen. Das vielfältige Angebot an Nektar, Pollen und Samen lockt Insekten und Vögel an. Besonders Wildbienen, Ameisen und Spinnen profitieren vom anfänglich lichten Bewuchs. Mit der Zeit setzen sich dann mehrjährige Staudenpflanzen durch sowie typische Wiesenpflanzen, deren Namen oft „Wiese" oder lateinisch „pratensis" oder „pratense" enthalten, siedeln sich an. In der Folge bilden sich Lebensräume auf verschiedenen Ebenen. Die Blütenschicht produziert Nektar, Pollen und energiereiche Samen, von denen sich Insekten und Vögel ernähren. Die Blatt- und Stängelschicht bietet Lebensraum und Futtergrundlage für Wild- und Weidetiere, bodenbrütende Vögel und Insekten. Abgestorbenes Blatt- und Stängelmaterial sammelt sich am Wiesengrund, der sogenannten Streuschicht, die unzählige Bodenlebewesen auf und in der Bodenschicht ernährt und die Erde außerdem vor Austrocknung schützt. So entsteht durch einfaches „Wachsen lassen" in kurzer Zeit ein neuer Lebensraum – die Wiese.

[1] Landkärtchen *(Araschnia levana)*, Frühlingsgeneration

01 SCHARFER HAHNENFUSS *(Ranunculus acris)*
02 WIESEN-KLEE *(Trifolium pratense)*

„Junge Wiese" auf ehemaliger Brache. Leguminosen oder Stickstoffsammler wie der rot blühende Wiesen-Klee reichern die bisher magere und schotterige Erde mit Stickstoff an und erhöhen damit den Nährstoffgehalt der Wiese.

DIE EBENEN DER WIESE

Eine extensiv genutzte Wiese bietet reichhaltigen Lebensraum und Nahrung in unterschiedlichen Schichten für unzählige Pflanzen- und Tierarten.

01 BLÜTENSCHICHT

Blühende Gräser und Wiesenblumen bilden die Blütenschicht einer Wiese. Während Gräser hauptsächlich vom Wind bestäubt werden, locken Blüten mit Nektar und Pollen Insekten zur Bestäubung an. Die Blütenschicht produziert große Mengen an Samen, die eine wichtige Nahrungsquelle für Vögel und Lebewesen der Streu- und Bodenschicht darstellen.

02 BLATT-/STÄNGELSCHICHT

Die Blatt- und Stängelschicht einer Wiese bietet reichlich Nahrung für Säugetiere wie Wild- und Weidetiere sowie für Vögel. Sie ist Lebensraum für Blattläuse, Spinnen, Schmetterlingsraupen und Grashüpfer, ebenso für bodenbrütende Vögel wie Wiesenpieper und Lerchen. Raubvögel und andere Jäger spüren hier ihre Beute in Form von Mäusen, Vögeln, Fröschen und Eidechsen auf.

03 STREUSCHICHT

In der Streuschicht einer Wiese sammeln sich Samen und abgestorbene Pflanzenteile, die Feuchtigkeit speichern und die Erde vor Austrocknung schützen. Dieses organische Material dient als Nahrung und Lebensraum für humusbildende Mikroorganismen wie Bakterien, Pilze und Algen sowie für Würmer, Asseln, Tausendfüßler, Ameisen, Käfer und Schnecken.

04 BODENSCHICHT

Ein Teelöffel Boden kann Schätzungen zufolge Milliarden von Mikroorganismen enthalten, die zusammen mit Springschwänzen, Kompost-, Faden- und Borstenwürmern für die Bodenfruchtbarkeit sorgen. Wühlende Maulwürfe und Mäuse spielen in der Bodenschicht ebenfalls eine wichtige Rolle, da sie die Erde durchlüften, umschichten und ihre Gänge von weiteren Arten genutzt werden.

GAMANDER-EHRENPREIS [1]

Ehrenpreise, Melden, Kamille, Vogelmiere und Brennnesseln sind Zeigerpflanzen für stickstoffreiche Böden.

Da sich artenreiche Wiesen vor allem auf nährstoffarmen Flächen entwickeln, ist etwas Pflege notwendig, um einen Standort abzumagern oder dauerhaft mager zu halten. Humus aus abgestorbenem Pflanzenmaterial und die Stoffwechselprodukte von Bodenorganismen bieten Pflanzen optimal aufbereitete Nährstoffe – Dünger für häufige, üppig wachsende und konkurrenzstarke Pflanzenarten. Für eine Förderung von seltenen Wiesenpflanzen müssen Nährstoffe daher regelmäßig durch Mahd und Abraum des Schnittgutes entzogen werden. Sogenannte „Schröpfschnitte" sind daher schon beim ersten Aufkommen der ersten Pionierpflanzen sinnvoll. Schröpfschnitte sollten aber nur ein- bis zweimal jährlich, vorzugsweise im Frühjahr und Herbst, durchgeführt werden. Ein einmaliger Schröpfschnitt pro Jahr im April bis Mai ist besonders insektenfreundlich. Die Tiere finden so Unterschlupf zur Überwinterung, mehr Zeit zur Entwicklung zum fertigen Insekt und die Gelegenheit, beim Rückschnitt in angrenzende Bereiche zu flüchten. Außerdem werden bei einem Schnitt im Frühjahr die teilweise kräftigen Stängel im Laufe des Winters mürbe und lassen sich dadurch deutlich einfacher abschneiden oder abbrechen. So kann ein stabiler Rechen in den meisten Fällen ausreichen, um das grobe, abgestorbene Material zu entfernen. Ideal ist es dabei, wenn Reste in etwa 10 cm Höhe stehen bleiben, um noch genügend Lebensraum und Unterschlupf für Insekten, Spinnen und Amphibien zu erhalten. Durch den Abraum von niedergedrücktem organischem Material wird der Wiesengrund geöffnet und belichtet. Darauf sind vor allem Lichtkeimer und viele ein- bis zweijährige Pflanzen angewiesen, um erfolgreich keimen zu können.

Sollten sich Pflanzen wie beispielsweise Melde, Gänsefuß, Hirse, Wegwarte und Distelarten anfangs besonders üppig entwickeln, so können diese gezielt entnommen oder gemäht werden. Notwendig ist dies meist nicht, da gerade diese Arten im Winter ein üppiges Futterangebot für Vögel darstellen, das diese gerne annehmen. Verbliebene, immer noch zahlreiche Samen können in der Folge durch einen immer dichter werdenden Bewuchs kaum noch keimen oder unterdrücken sich gegenseitig. Das „Unkraut-Problem" löst sich daher im Laufe der Wiesenentwicklung meist von allein. Wenn sich nach einigen Jahren ein dichter Bewuchs gebildet hat, sollte die erste Mahd im Jahr in den Sommer verlegt werden, um besonders vielen oder gewünschten Blühpflanzen eine Aussaat zu ermöglichen.

[1] Gewöhnliche Schnauzenschwebfliege *(Rhingia campestris)*

WIESEN-PIONIERPFLANZEN UND GARTEN-WILDKRÄUTER

Acker-Kratzdistel *(Serratula arvensis)*
Barbarakraut *(Barbarea vulgaris)*
Beifuß *(Artemisia vulgaris)*
Breitwegerich *(Plantago major)*
Echtes Eisenkraut *(Verbena officinalis)*
Einjähriges Rispengras *(Poa annua)*
Gamander-Ehrenpreis *(Veronica chamaedrys)*
Gänseblümchen *(Bellis perennis)*
Gefleckte Taubnessel *(Lamium maculatum)*
Gelber Steinklee *(Melilotus officinalis)*
Geruchlose Kamille *(Tripleurospermum inodorum)*
Gewöhnliche Braunelle *(Prunella vulgaris)*
Gewöhnliche Nachtkerze *(Oenothera biennis)*
Gewöhnliche Vogelmiere *(Stellaria media)*
Gewöhnliche Wegwarte *(Cichorium intybus)*
Gewöhnlicher Giersch *(Aegopodium podagraria)*
Gewöhnlicher Hornklee *(Lotus corniculatus)*
Gewöhnlicher Löwenzahn *(Taraxacum ruderalia)*
Gewöhnlicher Natternkopf *(Echium vulgare)*
Große Klette *(Arctium lappa)*
Guter Heinrich *(Chenopodium bonus-henricus)*
Kleinblütige Königskerze *(Verbascum thapsus)*
Kleinblütige Malve *(Malva pusilla)*
Kompass-Lattich *(Lactuca serriola)*
Kriechender Hahnenfuß *(Ranunculus repens)*
Kriech-Quecke *(Elymus repens)*
Mäuse-Gerste *(Hordeum murinum)*
Mittlerer Wegerich *(Plantago media)*
Persischer Ehrenpreis *(Veronica persica)*
Portulak *(Portulaca oleracea)*
Purpurrote Taubnessel *(Lamium purpureum)*
Rainfarn *(Tanacetum vulgare)*
Spieß-Melde *(Atriplex prostrata)*
Strahlenlose Kamille *(Matricaria discoidea)*
Verschiedensamige Melde *(Atriplex micrantha)*
Weg-Malve *(Malva neglecta)*
Weg-Rauke *(Sisymbrium officinale)*
Weißer Steinklee *(Melilotus albus)*
Wilde Möhre *(Daucus carota)*

Geruchlose Kamille

Gewöhnliche Wegwarte [2]

Persischer Ehrenpreis

Purpurrote Taubnessel [3]

[2] Schwebfliege
[3] Erdhummel *(Bombus* sp.)

ELEMENT 02. 02

GESÄTE MAGERWIESE

Gewöhnliche Wiesen-Schafgarbe

Gewöhnlicher Hornklee [1]

Spitzwegerich

Wiesen-Flockenblume [2]

Bei der Neueinsaat einer Wiese sollte man mit Bedacht vorgehen, da man dabei möglicherweise im Boden vorhandene typische und regional angepasste Pflanzenschätze überlagert oder zerstört. Es gibt beispielsweise spezialisierte Pflanzenarten, die als Schmarotzer oder in Symbiose mit anderen Pflanzen und Tierarten leben – Raritäten wie Braunwurz- und Sommerwurzgewächse sowie Lilien und Orchideen –, die teilweise sehr anspruchsvoll sind und empfindlich auf Umweltveränderungen reagieren. Selbst teure Saatgutmischungen können solche Pflanzenarten meist nicht berücksichtigen, da deren Produktion aufwendig, kostspielig oder sogar unmöglich sein kann. Daher sollten bestehende Wiesen vor einem Eingriff sorgfältig auf schützenswerte Pflanzenbestände untersucht werden, denn auch hochwertige Saatgutmischungen können nicht die gesamte Bandbreite an standorttypischen Pflanzenarten abdecken.
Im Handel werden oft Pflanzenarten mit guter Samenausbeute und zuverlässigem Keimverhalten angeboten, die sich rationell und im großen Stil maschinell ernten lassen. Viele günstigere Angebote enthalten daher beispielsweise Phacelia, Kleearten, Buchweizen und Hülsenfrüchtler wie Wicken und Lupinen, die günstig und in Massen als Bodenverbesserer für die Landwirtschaft produziert werden. Diese bewirken jedoch einen unerwünschten Anstieg des Nährstoffgehalts im Boden – gut für den Gemüsegarten oder einen Acker, aber kontraproduktiv für die Umstellung von einer fetten zu einer mageren, artenreichen Wiese. Auch samenreiche ein- bis zweijährige Mohngewächse, Kornblumen, Dill, Fenchel sowie bunte, nicht einheimische Blumen werden gerne als „Füllpflanzen" verwendet. All diese Blühpflanzen blühen zwar schon ab dem ersten Jahr erfreulich bunt und üppig, behindern jedoch durch ihre teilweise wintergrünen Rosetten die Keimung von typischen Wiesenpflanzen, die oft lichtkeimend sind. Hier gilt: Klasse vor Masse – die Investition in hochwertiges Saatgut und auf die Bodenverhältnisse abgestimmte Pflanzen lohnt sich, damit diese möglichst erfolgreich gedeihen können.
Zur Bodenvorbereitung vor einer Einsaat sollte die nährstoffreiche Grasnabe mitsamt den Wurzeln flächig etwa 5 bis 10 cm tief entfernt und die darunterliegende Erde leicht gelockert werden. Besonders gründlich ist die Vorbereitung, wenn in den

[1] Hauhechel-Bläuling *(Polyommatus icarus)*
[2] Gelbbindige Furchenbiene *(Halictus scabiosae)*

01 WIESENSALBEI *(Salvia pratensis)*
02 ACKER-WITWENBLUME *(Knautia arvensis)*
03 KLEINFRÜCHTIGES KLETTEN-LABKRAUT *(Galium spurium)*
04 GEWÖHNLICHER HORNKLEE *(Lotus corniculatus)*

Eine bunt blühende Magerwiese.

Kleines Schneeglöckchen

Kleiner Krokus

Elfen-Krokus

Sibirischer Blaustern

darauffolgenden Wochen aufkeimende, noch im Boden vorhandene Saat mit einer Hacke gejätet wird. Das teilweise staubfeine Saatgut kann im Anschluss sparsam und dünn mit Sand oder feiner Erde vermischt ausgebracht werden. Die keimenden Pflanzen erhalten dadurch Raum für eine kräftige Entwicklung, blühen üppig und produzieren somit reichlich Saatgut. Es kann auch von Vorteil sein, wenn die Saatgutmischung Wiesenpflanzen mit unterschiedlichen Ansprüchen an Bodenstruktur, Nährstoffe, Feuchtigkeit und Belichtung enthält, die auf kleinräumig unterschiedliche Boden- und Klimaverhältnisse eingehen können.

Für eine dauerhafte Artenvielfalt ist es wichtig, dass sich Blühpflanzen regelmäßig über Samen vermehren und sich genetisch an den jeweiligen Standort anpassen können. Der Zeitpunkt der Mahd ist dabei entscheidend, da die Samen von Wiesenpflanzen unterschiedlich lange reifen. Eine sogenannte Staffel- oder Stufenmahd ist dabei besonders effektiv für die Artenvielfalt, da man damit einzelne Pflanzenarten bis zur Samenreife stehen lassen kann. Durch einen zeitlich versetzten Wiesenschnitt stehen unterschiedliche Entwicklungsstufen des Bewuchses zur Verfügung – von frisch gemähten, saftigen Blättern über Blüten bis zu hohen, samentragenden Halmen und Stängeln. Tierische Wiesenbewohner werden so geschont, da sie sich in angrenzende, nicht gemähte Bereiche zurückziehen können und durchgängig ein breites Nahrungsangebot vorfinden.

Die Arbeit mit der Handsense ist ideal, da das Gras in nur einer Schnittebene gekappt und dabei nicht gequetscht oder geschreddert wird. Auch können so einzelne Pflanzenarten gezielt ausgespart oder üppig wachsende Arten entfernt werden. Das Schnittgut kann dann sinnvoll als Mulchschicht auf Beeten oder für den Kompost verwendet werden – für Nährstoffe im Garten und für eine magere, artenreiche Wiese.

Auf einer Wiesenfläche sollten frühblühende Zwiebelpflanzen nicht vergessen werden, denn Krokusse und Co. sind nach dem Winter lebenswichtige erste Pollen- und Nektarspender für Insekten. Sie können das kurze Zeitfenster vor der eigentlichen Vegetationsperiode nutzen und so die „Rentabilität" einer Wiese für die Artenvielfalt maximieren.

PFLANZENLISTE – GESÄTE MAGERWIESE

Acker-Witwenblume *(Knautia arvensis)*
Echte Betonie *(Betonica officinalis)*
Echtes Labkraut *(Galium verum)*
Gewöhnliche Braunelle *(Prunella vulgaris)*
Gewöhnliche Wiesen-Schafgarbe *(Achillea millefolium)*
Gewöhnlicher Hornklee *(Lotus corniculatus)*
Gewöhnliches Ferkelkraut *(Hypochaeris radicata)*
Herbst-Löwenzahn *(Leontodon autumnalis)*
Kartäusernelke *(Dianthus carthusianorum)*
Kleiner Wiesenknopf *(Sanguisorba minor)*
Kleinköpfiger Pippau *(Crepis capillaris)*
Kriechender Günsel *(Ajuga reptans)*
Kuckucks-Lichtnelke *(Lychnis flos-cuculi)*
Leinkraut *(Linaria vulgaris)*
Scharfer Hahnenfuß *(Ranunculus acris)*
Spitzwegerich *(Plantago lanceolata)*
Weißes Labkraut *(Galium album)*
Wiesen-Bärenklau *(Heracleum sphondylium)*
Wiesen-Flockenblume *(Cantaurea jacea)*
Wiesen-Glockenblume *(Campanula patula)*
Wiesen-Kerbel *(Anthriscus sylvestris)*
Wiesen-Labkraut *(Galium mollugo)*
Wiesen-Margerite *(Leucanthemum vulgare)*
Wiesen-Pippau *(Crepis biennis)*
Wiesen-Platterbse *(Lathyrus pratensis)*
Wiesen-Salbei *(Salvia pratensis)*
Wiesen-Schaumkraut *(Cardamine pratensis)*
Wiesen-Storchschnabel *(Geranium pratense)*
Wilde Möhre *(Daucus carota)*

FRÜHBLÜHER
Elfen-Krokus *(Crocus tommasinianus)*
Frühlings-Knotenblume, Märzenbecher *(Leucojum vernum)*
Frühlings-Krokus *(Crocus albiflorus)*
Gelbe Narzisse *(Narcissus pseudonarcissus)*
Gewöhnliches Schneeglöckchen *(Galanthus nivalis)*
Kleiner Krokus *(Crocus chrysanthus)*
Sibirischer Blaustern *(Scilla siberica)*
Weiße Narzisse *(Narcissus poeticus)*

Wilde Möhre

Wiesen-Salbei

Wiesen-Margerite

Wiesen-Storchschnabel

ELEMENT 02.03 IMPFINSEL – TROCKEN – SONNIG

Zypressen-Wolfsmilch [1]

Echter Kümmel [2]

Kartäusernelke

Echtes Labkraut [3]

Besonders zart und niedrig wachsende Pflanzen wie Hungerblümchen, Schafgarbe und Scharfer Mauerpfeffer sowie Miniaturwuchs können auf einen nährstoffarmen, trockenen Wiesenstandort in sonniger Lage hinweisen. Wurde die Wiese vielleicht über lange Jahre hinweg nicht gepflegt? Handelt es sich um einen ehemals ungedüngten, sommerdürren Rasen oder eine ehemalige Schotterfläche? Dann lassen sich an sandig wirkenden Stellen vielleicht sogar Ameisenbauten und kleine Löcher im Boden von Wildbienen entdecken. Möglicherweise ist hier schon ein spannendes Biotop entstanden, wo sich besonders gut angepasste und seltene Tier- und Pflanzenarten angesiedelt haben. Eine flächige Neuansaat wäre hier daher schade, weil die wertvollen, bereits bestehenden Pflanzen- und Tiergesellschaften durch die Bodenvorbereitung und Ansaat zerstört werden würden. Die Anlage einer oder mehrerer kleiner Impfinseln ist deshalb eine bestandsschonende Möglichkeit, die Pflanzenvielfalt auf einer artenarmen Wiesenfläche zu erweitern und damit zu bereichern. Hierfür sind Pflanzen, die auf Magerwiesen und Trockenrasen vorkommen, besonders gut geeignet.

Ob gesät oder gepflanzt – eine Abmagerung des Standortes, beispielsweise mit Sand, sowie eine sorgfältige Bodenvorbereitung ist notwendig, damit sich die gewünschten Pflanzenarten im Anfangsstadium möglichst konkurrenzarm entwickeln können. Bei kleinen Flächen ist die gezielte Pflanzung von vorgezogenen, gut bewurzelten Pflanzen oft erfolgreicher als die Ansaat. Etwas Kompost im Pflanzloch und reichliches Wässern für einen guten Bodenkontakt der Wurzeln sind von Vorteil und ermöglichen den neuen Pflanzen einen guten Start. Der Humus liefert dabei in der Anfangsphase Nährstoffe und speichert Feuchtigkeit, bis sich genügend Wurzeln gebildet haben. Für eine gute Vermehrung sollten außerdem immer mehrere Pflanzen einer Art gepflanzt werden. Eine Mahd im Frühjahr ermöglicht den bestehenden und neuen Pflanzen eine Aussaat in die umgebende Wiese. Es ist besonders effektiv, wenn das Rückschnittmaterial im Frühjahr zusätzlich in der umgebenden Wiese verteilt wird, damit sich möglichst viele Samen daraus lösen. Die neuen Pflanzen werden rasch als willkommene Nahrungsquelle von weiteren, darauf spezialisierten Tierarten entdeckt, was die Artenvielfalt erfreulich schnell ansteigen lässt.

[1] Schwarzhaarige Wiesenschwebfliege *(Epistrophe nitidicollis)*
[2] Zimtwanze *(Corizus hyoscyami)*
[3] Gemeine Stubenfliege *(Musca domestica)*

01 WIESEN-MARGERITE *(Leucanthemum vulgare)*
02 WIESEN-WITWENBLUME *(Knautia arvensis)*

Gewünschte Pflanzenarten lassen sich fördern, indem man sie bis zur Samenreife stehen lässt.

PFLANZENLISTE
IMPFINSEL – TROCKEN – SONNIG

Echter Dost [1]

Majoran [2]

Gewöhnlicher Odermennig

Knack-Erdbeere

Ähriger Ehrenpreis *(Veronica spicata)*
Bärwurz *(Meum athamanticum)*
Berg-Steinkraut *(Alyssum montanum)*
Boden-Tragant *(Astragalus excapus)*
Dänischer Tragant *(Astragalus danicus)*
Dolden-Milchstern *(Ornithogalum umbellatum)*
Dornige Hauhechel *(Ononis spinosa)*
Dunkle Flockenblume *(Centaurea nigra)*
Echter Kümmel *(Carum carvi)*
Echter Wundklee *(Anthyllis vulneraria)*
Echtes Labkraut *(Galium verum)*
Frühlings-Adonisröschen *(Adonis vernalis)*
Genfer Günsel *(Ajuga genevensis)*
Gewöhnliche Wiesen-Schafgarbe *(Achillea millefolium)*
Gewöhnlicher Hornklee *(Lotus corniculatus)*
Gewöhnlicher Odermennig *(Agrimonia eupatoria)*
Glanz-Skabiose *(Scabiosa lucida)*
Großer Bocksbart *(Tragopogon dubius)*
Hügel-Meier *(Asperula cynanchica)*
Kartäusernelke *(Dianthus carthusianorum)*
Kleine Bibernelle *(Pimpinella saxifraga)*
Kleiner Wiesenknopf *(Sanguisorba minor)*
Knack-Erdbeere *(Fragaria viridis)*
Knäuel-Glockenblume *(Campanula glomerata)*
Majoran *(Origanum majorana)*
Mittlerer Wegerich *(Plantago media)*
Mittleres Zittergras *(Briza media)*
Echter Dost *(Origanum vulgare)*
Rauhaarige Gänsekresse *(Arabis hirsuta)*
Rundblättrige Glockenblume *(Campanula rotundifolia)*
Tauben-Skabiose *(Scabiosa columbaria)*
Wiesen-Bocksbart *(Tragopogon pratensis)*
Wiesen-Flockenblume *(Cantaurea jacea)*
Wiesen-Margerite *(Leucanthemum vulgare)*
Wiesen-Salbei *(Salvia pratensis)*
Wiesen-Witwenblume *(Knautia arvensis)*
Wilde Möhre *(Daucus carota)*
Zottiger Klappertopf *(Rhinanthus alectorolophus)*
Zypressen-Wolfsmilch *(Euphorbia cyparissias)*

[1] Kurzschwänziger Bläuling *(Cupido argiades)*
[2] Landkärtchen *(Araschnia levana)*, Herbstgeneration

GEPFLANZTE IMPFINSEL

Um eine optimale Verbreitung in die angrenzende Wiese zu gewährleisten, empfiehlt es sich, mehrere Pflanzen derselben Art zu setzen. Damit sich die neuen Pflanzen gut etablieren können, sollten unerwünschte Beikräuter gejätet und engere Pflanzabstände gewählt werden, damit sich die offene Bodenfläche rasch schließt. Zusätzlich kann das Einbringen von etwas Kompost **01** in das Pflanzloch und regelmäßiges Angießen den Pflanzen einen guten Start ermöglichen. Ein- und zweijährige Pflanzenarten können auch direkt in größere Zwischenräume **02** von bereits gesetzten Pflanzen gesät werden, um die Lücken bei größeren Pflanzabständen zu schließen. Eine Abgrenzung der Impfinsel zur bestehenden Wiese hin kann ebenfalls hilfreich sein. Alte, flach ausgelegte Bretter **03** bieten in der Anfangszeit Schutz vor einem Überwachsen seitens der Wiese und können nach ein paar Jahren entfernt werden.

ELEMENT 02. 04

IMPFINSEL – NORMAL – SONNIG

Gewöhnliches Zittergras

Wiesen-Pippau [1]

Wiesen-Kerbel [2]

Dolden-Milchstern

Kräftig wachsende und saftig grüne Wiesen mit hohem Anteil von Löwenzahn werden als „fette" Wiesen bezeichnet. Solche Wiesenflächen sind ertragreich, aber artenarm, da sich durch die Düngung nur wachstumsstarke Kräuter und Gräser durchsetzen können. Zur Unterstützung von seltenen, auf bestimmte Pflanzen spezialisierte Tierarten müssen Wiesenflächen möglichst nährstoffarm sein.

Durch einen radikalen Abtrag der Humusschicht ist eine Wiese zwar schnell abgemagert, aber gleichzeitig auch ein kompletter Lebensraum zerstört. Eine sanftere Methode ist die Entnahme von Nährstoffen durch ein bis zwei Schnitte im Jahr, bei denen das Schnittgut komplett entfernt wird. Besonders kräftig wachsende Wiesenbereiche können die ersten Jahre partiell auch häufiger gemäht werden. Durch das Entfernen des Schnittguts können dem Boden so Jahr für Jahr Nährstoffe entzogen werden und die Pflanzen erhalten dadurch Zeit zur Anpassung an das reduzierte Nährstoffangebot. Wertvoller, regionaltypischer Pflanzenbestand kann so „verschlankt" erhalten werden. Das kann gerade bei vielen Grasarten interessant sein, da sie in Saatgutmischungen oft unterrepräsentiert sind, denn diese sind mindestens ebenso wichtig wie die beliebteren Blühpflanzen. Das wird allein schon an der großen Anzahl von Insekten deutlich, die sich auf Gräser spezialisiert haben. So sind zum Beispiel 16 Schmetterlingsarten allein auf den Schafschwingel als Raupenfutterpflanze angewiesen.

Angepflanzte oder angesäte Impfinseln können helfen, noch fehlende oder gewünschte Pflanzenarten zu ergänzen. Dazu müssen diese nicht unbedingt abgemagert werden, denn die neuen Pflanzenarten sollten sich kräftig entwickeln, gut versamen und sich gegenüber der umgebenden Wiese behaupten können. Es genügt daher, die Grasnabe vor der Einsaat abzuheben und zu kompostieren, den Boden zu lockern sowie die neu angelegten Flächen nach der Einsaat mit Hölzern, Steinen oder einem Graben gegen ein Einwachsen der umliegenden Wiese zu schützen. Spannend und sinnvoll können auch Experimente mit Pflanzenarten sein, die gegensätzlich erscheinende Ansprüche an ihren Standort haben, damit sich Arten etablieren, die besonders gut an den Standort angepasst sind und dadurch besser mit wechselnden Klima- und Wetterverhältnissen zurechtkommen.

[1] Westliche Honigbiene *(Apis mellifera)*
[2] Wildbiene

01 BLAUE HIMMELSLEITER *(Polemonium caeruleum)*
02 WIESEN-PIPPAU *(Crepis biennis)*
03 ORANGEROTES HABICHTSKRAUT *(Hieracium aurantiacum)*

Experimentelle Impfinsel an der Südseite eines jungen Baumes: Alle drei Pflanzenarten haben unterschiedliche Ansprüche an den Nährstoff- und Feuchtegehalt des Bodens. Wie wird sich das Klima des Standortes durch Beschattung und Baumwurzeln auf Dauer verändern, wie variabel sind die Pflanzen und welche werden sich auf Dauer durchsetzen?

PFLANZENLISTE
IMPFINSEL – NORMAL – SONNIG

Ähriger Ehrenpreis *(Veronica spicata)*
Blaue Himmelsleiter *(Polemonium caeruleum)*
Echte Betonie *(Betonica officinalis)*
Echtes Seifenkraut *(Saponaria officinalis)*
Genfer Günsel *(Ajuga genevensis)*
Gewöhnliche Wiesen-Schafgarbe *(Achillea millefolium)*
Gewöhnlicher Hornklee *(Lotus corniculatus)*
Großblütige Braunelle *(Prunella grandiflora)*
Große Bibernelle *(Pimpinella major)*
Großer Bocksbart *(Tragopogon dubius)*
Kleiner Wiesenknopf *(Sanguisorba minor)*
Kriechender Günsel *(Ajuga reptans)*
Mittleres Zittergras *(Briza media)*
Moschusmalve *(Malva moschata)*
Ochsenauge *(Buphthalmum salicifolium)*
Orangerotes Habichtskraut *(Hieracium aurantiacum)*
Rosen-Malve *(Malva alcea)*
Stängellose Schlüsselblume *(Primula vulgaris)*
Tauben-Skabiose *(Scabiosa columbaria)*
Weißes Labkraut *(Galium album)*
Weißklee *(Trifolium repens)*
Wiesen-Bärenklau *(Heracleum sphondylium)*
Wiesen-Flockenblume *(Cantaurea jacea)*
Wiesen-Glockenblume *(Campanula patula)*
Wiesen-Kerbel *(Anthriscus sylvestris)*
Wiesen-Klee *(Trifolium pratense)*
Wiesen-Labkraut *(Galium mollugo)*
Wiesen-Margerite *(Leucanthemum vulgare)*
Wiesen-Pippau *(Crepis biennis)*
Wiesen-Sauerampfer *(Rumex acetosa)*
Wiesen-Storchschnabel *(Geranium pratense)*
Wiesen-Witwenblume *(Knautia arvensis)*

GRÄSER
Aufrechte Trespe *(Broums erectus)*
Fiederzwecke *(Brachypodium pinnatum)*
Gewöhnliches Knäulgras *(Dactylis glomerata)*
Gewöhnliches Zittergras *(Briza media)*
Schafschwingel *(Festuca ovina)*
Wiesen-Rispengras *(Poa pratensis)*
Wolliges Honiggras *(Holcus lanatus)*

ZWIEBELPFLANZEN
Dolden-Milchstern *(Ornithogalum umbellatum)*
Gelbe Narzisse *(Narcissus pseudonarcissus)*
Gewöhnliches Schneeglöckchen *(Galanthus nivalis)*
Weiße Narzisse *(Narcissus poeticus)*

IMPFZONE AM GEHÖLZRAND

Eine „Impfzone" **01** entlang von Sträuchern und Hecken stört das Mähen der Wiese nicht und muss nur wiesenseitig **02** gegen Einwachsen und Überwuchern geschützt werden. Als Barriere eignen sich ausgelegte Bretter, die sich ohne großen Aufwand wieder entfernen lassen, oder ein Graben von ca. 20–30 cm Breite und 10 cm Tiefe, der sich mit der Zeit von allein wieder schließt. Eine andere Möglichkeit besteht darin, Pflanzen am Rand zur Wiese hin zu setzen, die sich durch ober- oder unterirdische Ausläufer ausbreiten können, wie beispielsweise der Genfer und der Kriechende Günsel, die Gewöhnliche Wiesen-Schafgarbe und das Orangerote Habichtskraut. Hier kann auf einen Graben oder sonstige Barrieren verzichtet werden; lediglich eine ebene, bewuchsfreie Randzone sollte freigelegt werden.

Um eine gute Vermehrung zu erzielen, sollten die Samen gut ausreifen, bevor man sie sammelt, um sie dann in der umgebenden Wiese zu verteilen. Ideal eignen sich für die Ansaat offene Bodenstellen, wie zum Beispiel von Maus- und Maulwurfshügeln oder Scharrstellen von Tieren.

ELEMENT 02. 05 IMPFINSEL – FEUCHT – SONNIG

Wiesen-Schaumkraut

Bach-Nelkenwurz

Mädesüß [1]

Kuckucks-Lichtnelke

Feuchte, zeitweise überschwemmte Wiesen und nasse Moore sind Speicher- und Klimaelemente, die große Mengen an Niederschlagswasser aufnehmen und langsam wieder abgeben können und damit das Klima einer Region beeinflussen. Sie wirken feuchtigkeitsausgleichend, schützen vor Hitze, Dürre und Überschwemmung. Nasse, wechselfeuchte bis feuchte Standorte lassen sich zum Beispiel in der Nähe von Quellen, im Uferbereich, an Bachläufen und in Senken und Kuhlen finden, was sich anhand der Präsenz von Pflanzen wie Bach-Nelkenwurz, Wiesen-Schaumkraut, Kuckucks-Lichtnelke, Kohl-Kratzdistel und Gräsern wie Binsen und Seggen erkennen lässt.
Feuchtwiesen sind ein wichtiger Lebensraum für viele, inzwischen stark gefährdete Tier- und Pflanzenarten. Da diese Rückzugsorte beispielsweise durch Entwässerungsmaßnahmen immer seltener werden, sind viele Vogelarten wie Braunkehlchen, Schwarzkehlchen und Wiesenpieper sowie andere Bewohner von Feuchtwiesen stark gefährdet. Auch in der Pflanzenwelt lassen sich nur noch vereinzelt Wiesen mit Knabenkräutern, Trollblumen und Sibirischen Schwertlilien entdecken. Es ist daher wichtig, bestehende Feuchtwiesen zu schützen und ehemalige nach Möglichkeit wieder zu vernässen. Dabei zählt jedes kleine Biotop im kommunalen oder privaten Bereich. Denn nur wenn viele, auch kleine Biotope ein möglichst engmaschiges Netz bilden, ist ein Austausch von Tier- und Pflanzenarten möglich. Hierfür können ursprünglich vorhandene Pflanzenarten durch Impfinseln ergänzt und neu angesiedelt werden.
Da feuchte, schwere Erde eine Bodenbearbeitung schwierig macht, können offene Bodenstellen wie alte, abgesunkene Maus- oder Maulwurfshügel geeignete Stellen zur Einsaat oder Pflanzung darstellen. Bei größeren Impfinseln ist eine maschinelle Bodenbearbeitung oder das Auslegen einer schwarzen Folie an heißen, sonnigen Tagen hilfreich, um den Bewuchs zu entfernen. Beim Setzen von einzelnen, kräftigen Ablegern und Pflanzen reichen jedoch in der Regel ein paar Spatenstiche, bei denen die Grassode sorgfältig nach unten gekehrt wird. Dabei sollten immer mehrere Pflanzen einer Art gesetzt werden, damit diese sich erfolgreich versamen können. Ein einmaliges Angießen genügt, allerdings sollten die neuen Pflanzen in der Anfangszeit von konkurrierendem Bewuchs befreit werden.

[1] Waldhummel *(Bombus sylvestris)*

WIESEN-BÄRENKLAU *(Heracleum sphondylium)*
01 SPÄTE FRÜHLINGSSCHWEBFLIEGE *(Meliscaeva cinctella)*
02 SCHWINGFLIEGE *(Nemopoda nitidula)*
03 FLIEGE *(Lydella grisescens)*
04 FLIEGE *(Phaonia subventa)*

PFLANZENLISTE
IMPFINSEL – FEUCHT – SONNIG

Bach-Nelkenwurz *(Geum rivale)*
Blaue Himmelsleiter *(Polemonium caeruleum)*
Breitblättriges Knabenkraut *(Dactylorhiza majalis)*
Echte Betonie *(Betonica officinalis)*
Echtes Mädesüß *(Filipendula ulmaria)*
Europäische Trollblume *(Trollius europaeus)*
Gelbgrüner Frauenmantel *(Alchemilla xanthochlora)*
Gewöhnliche Wiesensilge *(Silaum silaus)*
Gewöhnlicher Blutweiderich *(Lythrum salicaria)*
Gewöhnlicher Gilbweiderich *(Lysimachia vulgaris)*
Gewöhnlicher Teufelsabbiss *(Succisa pratensis)*
Gras-Sternmiere *(Stellaria graminea)*
Große Bibernelle *(Pimpinella major)*
Große Sterndolde *(Astrantia major)*
Großer Wiesenknopf *(Sanguisorba officinalis)*
Herbst-Löwenzahn *(Scorzoneroides autumnalis)*
Hohe Schlüsselblume *(Primula elatior)*
Huflattich *(Tussilago farfara)*
Kleiner Klappertopf *(Rhinanthus minor)*
Kleiner Wiesenknopf *(Sanguisorba minor)*
Kohl-Kratzdistel *(Cirsium oleraceum)*
Kuckucks-Lichtnelke *(Lychnis flos-cuculi)*
Rote Lichtnelke *(Silene dioica)*
Scharfer Hahnenfuß *(Ranunculus acris)*
Schlangen-Knöterich *(Polygonum bistorta)*
Sibirische Schwertlilie *(Iris sibirica)*
Sumpfdotterblume *(Caltha palustris)*
Sumpf-Labkraut *(Galium palustre)*
Sumpf-Schafgarbe *(Achillea ptarmica)*
Sumpfschotenklee *(Lotus pedunculatus)*
Wiesen-Bärenklau *(Heracleum sphondylium)*
Wiesen-Kerbel *(Anthriscus sylvestris)*
Wiesen-Pippau *(Crepis biennis)*
Wiesen-Sauerampfer *(Rumex acetosa)*
Wiesen-Schaumkraut *(Cardamine pratensis)*
Wiesen-Storchschnabel *(Geranium pratense)*

TRY AND ERROR-PRINZIP

Um den idealen Standort für eine Pflanzenart zu finden, kann es spannend sein, mehrere Impfinseln mit derselben Pflanzenauswahl anzulegen und deren Entwicklung zu beobachten. Auf diese Weise kann man feststellen, wie sich die Pflanzen bei unterschiedlichen Nährstoff-, Feuchtigkeits-, Licht- und Wärmeverhältnissen entwickeln und in welchen Bereichen bestimmte Pflanzenkombinationen langfristig am besten funktionieren. Bei der Anlage von feuchten Bereichen kann man sich von bewährten Pflanzengemeinschaften in der Natur inspirieren lassen, aber auch neue Zusammenstellungen ausprobieren. Dabei muss man beachten, dass die Pflanzung oder das Aussäen von einheimischen Wildpflanzen im öffentlichen Bereich unter Umständen verboten ist, weil dadurch vorhandene Habitate gestört oder Krankheiten eingeschleppt werden können.

VORBILD NATÜRLICHE SENKE

Am Beispiel von natürlichen, feuchten Senken lässt sich beobachten, dass Pflanzen sich sehr unterschiedlich an einem feuchten Standort ansiedeln, da die Wachstumsbedingungen auch kleinräumig variieren können. Zum Beispiel können sich an der tiefsten Stelle einer Senke **01** besonders nasse und zeitweise überflutete Zonen bilden, die sich für Sumpfdotterblumen eignen, während in etwas höher und trockener gelegenen **02** die Echte Betonie, auch Heilziest genannt, ideale Bedingungen findet. In Bereichen, die durch Bäume, Büsche oder Bebauung beschattet sind **03**, fühlen sich dagegen der Gelbgrüne Frauenmantel und die Kohl-Kratzdistel wohl, während der kleine Wiesenknopf auch mit nur leicht feuchten, sonnigen Lagen **04** zurechtkommt. Auf feuchten, steinigen Untergründen **05**, wie beispielsweise an Wegen, lässt sich Huflattich ansiedeln.

ELEMENT
02. 06

GESÄTE, BUNTE BLÜHFLÄCHE

Klatschmohn

Wilde Malve [1]

Färberkamille

Italienische Ochsenzunge [2]

Für maximale Blühleistung ist man bei Feld- und Ackerkräutern sowie Pionier- oder Ruderalpflanzen an der richtigen Adresse. Teilweise müssen diese Arten jahrelang auf ihre Chance zur Keimung warten und kommen im Vergleich zu mehrjährigen, typischen Wiesenpflanzen manchmal etwas zu kurz. So müssen sich ein- bis zweijährige Arten beeilen, die Chance von offenen Bodenstellen zu nutzen, um innerhalb kurzer Zeit zu bunter Höchstform aufzulaufen und reichlich Samen zu bilden. Für eine optimale Keimung sollte der Boden möglichst frei von Bewuchs sein und leicht gelockert werden. Außerdem sind anfangs regelmäßiges Gießen oder alternativ eine feine, lichtdurchlässige Mulchschicht aus Grasschnitt von Vorteil, um den Boden durchgängig feucht zu halten. Eine Einsaat kann je nach Saatgutmischung im Sommer und Herbst zur natürlichen Saatgutreife erfolgen, ist aber auch im zeitigen Frühjahr möglich. Viele unserer heimischen Arten sind beispielsweise „Kaltkeimer", die erst nach Kälteeinwirkung zur Keimung kommen. Eine Einsaat im Herbst oder im zeitigen Frühjahr ist daher bei solchen anspruchsvolleren Pflanzenarten meist erfolgreicher, weil sie sich dann einen kleinen Vorsprung zu den im April oder Mai schnell auflaufenden „Normalkeimern" verschaffen können.
Mit unterschiedlichen im Handel erhältlichen oder selbst zusammengestellten Mischungen lassen sich spannende Anlagen und Ansichten erzielen. Auswahlkriterien können dabei ein durchgängiges Blütenangebot, die Wuchshöhe, das Keimverhalten, die Blütenfarben, Lieblingspflanzen oder eine Kombination daraus sein. Bei großflächigen Anlagen kann außerdem gezielt auf die vorhandenen Bodenverhältnisse und Klimazonen eingegangen werden. Wenn bei der Pflanzenauswahl außerdem auf eine gute Durchmischung der Blütenformen geachtet wird, kommt dies besonders vielen spezialisierten Insektenarten zugute, die bestimmte Korb-, Kreuz-, Lippen-, Dolden- und Schmetterlingsblütler bevorzugen.
Grundsätzlich sollte man „einheimische" Pflanzen setzen, da sie optimal auf die regionale Insektenwelt abgestimmt sind. Dennoch können auch inzwischen heimisch gewordene Kulturfolger wie Acker- und Kulturkräuter eine Blühfläche bereichern. Mohn, Kornblume, Dill, Koriander, Fenchel,

[1] Westliche Honigbiene *(Apis mellifera)*
[2] Taubenschwänzchen *(Macroglossum stellatarum)*

01 GEWÖHNLICHE WEGWARTE *(Cichorium intybus)*
02 GELBER STEINKLEE *(Melilotus officinalis)*
03 WILDE MÖHRE *(Daucus carota)*
04 SAAT-ESPARSETTE *(Onobrychis viciifolia)*

Eine hochwachsende Mischung von ein- bis zweijährigen Pflanzen auf einer Ackerfläche.

FÄRBER WAU *(Reseda lutea)*
HUMMEL *(Bombus* sp.*)*

Der Gelbe Wau, auch als Färber-Resede bekannt, wird in Deutschland als „eingebürgerter" Archäophyt betrachtet, da er bereits vor 1492 als Kulturpflanze eingeführt wurde.

Buchweizen und Saat-Luzerne sind beispielsweise sehr attraktive Nektar- und Pollenspender. Eine Blühfläche ist jedoch nicht nur ein Nahrungslieferant, sondern auch ein willkommener Lebensraum. Trockene Halme und Blätter, hohle Stängel und reife Samenstände bieten notwendigen Unterschlupf und Nistplätze, sind aber inzwischen in unseren Gärten, Anlagen und Landschaften rar geworden. Mit der Anlage eines Naturgartens, einer Blühfläche oder eines Blühstreifens werden daher Tiere aus der ganzen Umgebung magisch angezogen. Ein kompletter Rückschnitt zur falschen Zeit, umgraben oder gar das Verbrennen des Schnittguts kann daher mehr Schaden anrichten als Nutzen. Ein pflegendes Auslichten der Blumenwiese ist zwar notwendig, um einen neuen Austrieb und eine Keimung zu ermöglichen, sollte jedoch schonend ausgeführt werden. Ein Rückschnitt mit einer Handsense, Sichel oder Gartenschere oder oberflächliches Ausrechen im späteren Frühjahr genügt, um überwinternden Tieren das Schlüpfen oder eine Flucht zu ermöglichen. Selbst dann können sich immer noch Eier, Larven und Puppen im Schnittgut befinden, denen man mit einer lockeren, luftigen Lagerung auf dem Kompost oder als Haufen eine Chance geben kann.
Ein selektiver Rückschnitt der Samenstände im Juni bis Juli regt eine zweite Blüte an und sorgt für frisches Grün. Das unterstützt Insekten in der blütenarmen Zeit mit einem durchgängigen Blütenangebot bis in den Herbst hinein. Dabei sollte immer ein Teil der Samenstände als Futter für Vögel, als Lebensraum und für die Selbstaussaat stehen bleiben.
Eine Blumenwiese aus ein- bis zweijährigen Pflanzen ist leider nicht von langanhaltender Natur, da sich auf ihr bereits nach einiger Zeit konkurrenzstarke Gräser und Stauden ausbreiten. In Fällen, in denen die Blumenwiese nicht aus Wiesenpflanzen besteht, ist es daher erforderlich, entweder jährlich im Frühjahr zu jäten und auszulichten oder nach einigen Jahren eine erneute Umgestaltung durch Umgraben und Neusaat vorzunehmen. Alternativ kann die Blühfläche auch als erste Phase zur Entwicklung einer Wiese genutzt werden.
Die Pflanzung von frühblühenden Zwiebelpflanzen wie Krokussen und Schneeglöckchen lohnt sich hier nicht. Diese kommen unter der dicken Schicht aus abgestorbenen Blättern und Stängeln sowie wintergrünen Rosetten kaum auf.

PFLANZENLISTE GESÄTE, BUNTE BLÜHFLÄCHE

Acker-Ochsenzunge *(Lycopsis arvensis)*
Borretsch *(Borago officinalis)*
Bunte Kronwicke *(Securigera varia)*
Dill *(Anethum graveolens)*
Echte Hundszunge *(Cynoglossum officinale)*
Echte Kamille *(Matricaria chamomilla)*
Einjähriges Silberblatt *(Lunaria annua)*
Färberkamille *(Anthemis tinctoria)*
Färberwaid *(Isatis tinctoria)*
Fenchel *(Foeniculum vulgare)*
Gelber Steinklee *(Melilotus officinalis)*
Gelber Wau *(Reseda lutea)*
Geruchlose Kamille *(Tripleurospermum inodorum)*
Gewöhnliche Nachtkerze *(Oenothera biennis)*
Gewöhnliche Ochsenzunge *(Anchusa officinalis)*
Gewöhnliche Wegwarte *(Cichorium intybus)*
Gewöhnlicher Lein *(Linum usitatissimum)*
Gewöhnlicher Natternkopf *(Echium vulgare)*
Hasen-Klee *(Trifolium arvense)*
Hundskamille *(Anthemis arvensis)*
Italienische Ochsenzunge *(Anchusa azurea)*
Klatschmohn *(Papaver rhoeas)*
Koriander *(Coriandrum sativum)*
Kornblume *(Centaurea cyanus)*
Kornrade *(Agrostemma githago)*
Mariendistel *(Silybum marianum)*
Mauretanische Malve *(Malva sylvestris)*
Moschusmalve *(Malva moschata)*
Nickende Distel *(Carduus nutans)*
Nickendes Leimkraut *(Silene nutans)*
Ringelblume *(Calendula officinalis)*
Rosen-Malve *(Malva alcea)*
Rote Lichtnelke *(Silene dioica)*
Saat-Esparsette *(Onobrychis viciifolia)*
Skabiosen-Flockenblume *(Centaurea scabiosa)*
Weiße Lichtnelke *(Silene latifolia)*
Weißer Steinklee *(Melilotus albus)*
Wilde Malve *(Malva sylvestris)*
Wilde Möhre *(Daucus carota)*

Färberwaid

Einjähriges Silberblatt

Hasen-Klee

Mauretanische Malve [1]

[1] Graugelbe Polsterfliege *(Pollenia rudis)*

DAS BEET – EINE CHANCE FÜR SELTENE WILDE

Inzwischen finden sich Pflanzen aus der ganzen Welt in unseren Gärten und Anlagen, während die einheimischen Arten erst in letzter Zeit wieder an Aufmerksamkeit gewinnen. Dabei sind Wildpflanzen gar nicht so „wild“ und ungestüm, sondern einfach hervorragend an unsere regionalen Umweltbedingungen angepasst. Viele von ihnen sind sogar alte Bekannte, die sich schon lange in ihrer Ursprungsform oder als Zuchtformen in Kloster- und Bauerngärten etabliert haben. Sie bereichern unsere Gärten mit zahlreichen Obst- und Gemüsesorten, Gewürzen, Heilkräutern, Futter für Wild- und Honigbienen sowie mit ihrem Blütenschmuck.
In Beeten können Wildpflanzen ideale Wachstumsbedingungen vorfinden. Nährstoffreiche, lockere Erde, ausreichend Feuchtigkeit und großzügige Pflanzabstände lassen selbst vermeintlich zarte und kleinwüchsige Pflanzen üppig gedeihen. Während beispielsweise Nelken auf Magerwiesen meist nur als zarte Einzelblüten auftreten, können sie in Beeten zu Höchstform auflaufen. Eine einzige Prachtnelke kann dabei Hunderte von Blüten entwickeln, wie das Bild auf der rechten Seite zeigt.
Wildpflanzen können so für unsere Insektenwelt nicht nur zu „Pollen- und Nektarbomben“, sondern auch zu üppigen Futterpflanzen für Larven und Raupen werden. Genau das Richtige für den teilweise sehr erlesenen Geschmack von Insektenarten, die sich auf bestimmte Pflanzenarten spezialisiert haben. Wenn diese neben oder in den Beeten noch Unterschlupf und Nistplätze finden, wird das „Zierelement Blumenbeet“ auch zu einem Gewinn für die Natur. Und auch wir haben etwas davon: Einen privaten „Wildtierpark“ mit immer neuen Überraschungen, den wir bequem vom Gartensitzplatz aus beobachten können.

KAPITEL

03 BEET

Die halbe Ansicht einer einzigen, ungezüchteten Prachtnelke *(Dianthus superbus)* mit sichtlich hervorragenden Wachstumsbedingungen in einem Beet.

ELEMENT 03. 01

SONNIG – MAGER – NIEDER

Gewöhnlicher Thymian

Blutroter Storchschnabel

Scharfer Mauerpfeffer

Trauben-Steinbrech [1]

Kleinwüchsige Pflanzenarten wie beispielsweise Hauswurz, Fetthenne und Steinbrech können selbst in feinsten Ritzen und Fugen auf felsigem, steinigem bis sandigem Untergrund überleben. Oftmals haben solche Pflanzenarten ihren Ursprung in rauen Regionen mit extremen Umweltbedingungen wie beispielsweise Höhenlagen. Hier lassen sich Raritäten finden, die besonders gut an magere und trockene Standortbedingungen angepasst sind und sich daher hervorragend für Steingartenanlagen, Dachbegrünungen, Steinmauern sowie Schalen und Töpfe eignen. Auch ehemals versiegelte Flächen und Wege mit kiesigem, sandigem Untergrund und ehemalige „Kies- oder Schottergärten" können solchen robusten und anspruchslosen Pflanzen ideale Wachstumsbedingungen bieten. Vliese oder Folien sollten jedoch vor einer Bepflanzung entfernt werden, um den Kontakt zum Untergrund wiederherzustellen und um Staunässe zu vermeiden. Wertvolle Ressourcen wie Sand, Kies und Steine können dabei kostensparend an Ort und Stelle bleiben.

Eine Investition in geeignete Pflanzenarten auf vermeintlich lebensfeindlichen Flächen lohnt sich auf Dauer in vielerlei Hinsicht. Durch eine Begrünung heizen sich Kies und Steine weniger auf, was in den heißen Sommermonaten, besonders in Hausnähe, für ein angenehmeres Klima sorgt. Kiesflächen müssen nicht mehr von Laub befreit oder gar mit Herbiziden behandelt werden. Auch Mähen ist nicht notwendig, da ein jährlicher Rückschnitt größerer Pflanzen im Frühjahr in der Regel ausreicht. Etwas Humus im Pflanzloch und Gießen sollte man aber gerade in der Anfangszeit der Pflanzung nicht vergessen, da sich mit Nährstoffen und Wasser verwöhnte Topfpflanzen erst auf ihren neuen Diätplan einstellen müssen. Mit etwas Geduld wird man schon bald mit einer bunt blühenden Miniatur-Pflanzenwelt belohnt, die sehr seltene Tierarten anziehen kann. Vielleicht findet einer der stark gefährdeten, fast ausgestorbenen Apollofalter *(Parnassius apollo)* in solch einem Garten noch rechtzeitig die Weiße Fetthenne, seine bevorzugte Raupenfutterpflanze. Wenn nicht, so kann man aber davon ausgehen, dass auch andere, weniger auffällige, aber dennoch wichtige Spezies von mager-sonnigen Schutzräumen profitieren, was solche Anlagen besonders wertvoll und spannend macht.

[1] Schmeißfliege *(Lucilia ampullacea)*

01 FETTHENNE *(Sedum dasyphyllum)*
02 SPINNWEB-HAUSWURZ *(Sempervivum arachnoideum)*
03 FELSEN-FETTHENNE *(Sedum rupestre)*

In schmalen Fugen und Ritzen sind kleinwüchsige Pflanzen wie beispielsweise Fetthennen und Hauswurze vor konkurrierenden, wuchsstarken Pflanzenarten geschützt.

HEIDENELKE *(Dianthus deltoides)*

Auf nährstoffreichen Böden können sich üppige Pflanzen prächtig entwickeln. Diese sind zwar dadurch nicht besonders langlebig, produzieren jedoch große Samenmengen, was für die Saatgutvermehrung zur großflächigen Ansaat interessant sein kann.

PFLANZENLISTE
SONNIG – MAGER – NIEDER

Ährige Glockenblume *(Campanula spicata)*
Alpen-Steinquendel *(Acinos alpinus)*
Bärwurz *(Meum athamanticum)*
Berg-Lauch *(Allium lusitanicum)*
Blaugrüner Steinbrech *(Saxifraga caesia)*
Blutroter Storchschnabel *(Geranium sanguineum)*
Breitblättriger Thymian *(Thymus pulegioides)*
Dach-Hauswurz *(Sempervivum tectorum)*
Dreifinger Steinbrech *(Saxifraga tridactylites)*
Echte Schlüsselblume *(Primula veris)*
Edel-Gamander *(Teucrium chamaedrys)*
Englische Fetthenne *(Sedum anglicum)*
Erdbeer-Fingerkraut *(Potentilla sterilis)*
Felsen-Fetthenne *(Sedum rupestre)*
Frühlings-Hungerblümchen *(Draba verna)*
Gewöhnliche Küchenschelle *(Pulsatilla vulgaris)*
Glanzskabiose *(Scabiosa lucida)*
Golddistel *(Carlina vulgaris)*
Hain-Veilchen *(Viola riviniana)*
Heidenelke *(Dianthus deltoides)*
Kartäusernelke *(Dianthus carthusianorum)*
Kleiner Krokus *(Crocus chrysanthus)*
Kleines Habichtskraut *(Hieracium pilosella)*
Knöllchen-Steinbrech *(Saxifraga granulata)*
Kugelköpfiger Lauch *(Allium sphaerocephalon)*
Mittleres Zittergras *(Briza media)*
Moos-Steinbrech *(Saxifraga hypnoides)*
Rasen-Steinbrech *(Saxifraga rosacea)*
Rispen-Steinbrech *(Saxifraga paniculata)*
Rundblättrige Glockenblume *(Campanula rotundifolia)*
Rundblättriger Steinbrech *(Saxifraga rotundifolia)*
Scharfer Mauerpfeffer *(Sedum acre)*
Schnee-Steinbrech *(Saxifraga nivalis)*
Stängelloses Leimkraut *(Silene acaulis)*
Steinbrech-Felsennelke *(Petrorhagia saxifraga)*
Sternblütiger Steinbrech *(Saxifraga stellaris)*
Trauben-Steinbrech *(Saxifraga paniculata)*
Violette Königskerze *(Verbascum phoeniceum)*
Weinbergs-Traubenhyazinthe *(Muscari neglectum)*
Weiße Fetthenne, Mauerpfeffer *(Sedum album)*
Zwerg-Glockenblume *(Campanula cochleariifolia)*

ABGRENZUNG VON KLEINWÜCHSIGEN PFLANZEN

Ein mit nährstoffarmer Erde oder Sand leicht erhöhter Bereich kann hilfreich sein, um kleinwüchsigen Pflanzen einen Schutzraum vor wuchskräftigeren Arten zu schaffen.

ELEMENT
03. 02

SONNIG – TROCKEN – HALBHOCH

Rapunzel-Glockenblume

Kartäuser-Nelke

Schwarze Flockenblume [1]

Gewöhnlicher Hornklee

An einem sonnigen, trockenen Standort lässt sich die ganze Bandbreite an bunten Wildblumen, die normalerweise in südlich ausgerichteten Magerwiesen oder an Waldsäumen wachsen, ins Beet holen. In magerem bis normalem Gartenboden gedeihen diese prächtig und lassen sich damit problemlos in bestehende Beete integrieren. Gestalterisch ist alles möglich – vom geordneten Staudenbeet bis zur wiesenartigen, bunt gemischten Anlage. Wie gewohnt gibt es auch bei Wildblumen mehrjährige Stauden, die als beständige gestalterische Fixpunkte dienen können, und ein- bis zweijährige Arten, die diese in immer neuen Kombinationen begleiten. Die Selbstaussaat der kurzlebigen Arten hat den Vorteil, dass die Lücken zwischen mehrjährigen Pflanzen mit gewünschten Blühpflanzen gefüllt werden und anderen Kräutern und Gräsern dadurch weniger Raum bleibt. Dank der geschlossenen Beetfläche ist der Boden außerdem geschützt, die Feuchtigkeit wird dadurch besser im Boden gehalten, wodurch Gießen und Hacken nur noch selten notwendig oder sogar überflüssig werden. Das schont nicht nur unsere Kräfte, sondern auch das dichte Bodenleben: Denn die Bodenbearbeitung kommt einem Erdbeben gleich, bei dem Schichtungen und Nistbauten zerstört werden. Das bringt auch die inzwischen in den Fokus gerückten Wildbienen in Bedrängnis: Rund 75 % der Wildbienen-Arten benötigen ungestörten Boden zum Bau ihrer Nistanlagen. Diese werden aber bei der Bodenbearbeitung schnell zerstört. Da 50 % der Wildbienen-Arten auf der Roten Liste stehen, gibt es gute Gründe, um die Hacke öfter stehen zu lassen.

Auch Ameisen lieben das warme, trockene Klima leicht sandiger Gartenstellen, lassen aber manchmal einzelne Pflanzen nicht aufkommen. Vielleicht versöhnt es, wenn man weiß, dass Ameisen fleißige Gärtner sind, indem sie Blumensamen im Garten verteilen und damit für immer neue Gartenbilder und Überraschungen sorgen. Außerdem sind sie unverzichtbare, wenn auch unfreiwillige Ammen von verschiedenen Käfer- und Schmetterlingsarten, beispielsweise den Bläulingen. Wer schon einmal einen dieser plüschigen, azurblauen Schmetterlinge aus der Nähe gesehen hat, wird sich sicherlich leicht mit den Ameisen versöhnen.

[1] Gelbbindige Furchenbiene *(Halictus scabiosae)*

01 STRAHLEN-BREITSAME *(Orlaya grandiflora)*
02 HAIN-SALBEI *(Salvia nemorosa)*
03 GEWÖHNLICHER FELDRITTERSPORN *(Consolida regalis)*

Ein-bis zweijährige Pflanzen zwischen mehrjährigen Stauden sorgen für jährlich wechselnde, überraschungsreiche Beet-Impressionen.

SCHWARZE KÖNIGSKERZE

Königskerzen sind unermüdlich blühende Futterspender für viele nachtaktive Insekten. Die trockenen Stängel werden im Winter gerne von Vögeln nach überwinternden Insekten und nach Samen abgesucht.

PFLANZENLISTE
SONNIG – TROCKEN – HALBHOCH

Ausdauernder Lein *(Linum perenne)*
Berg-Lauch *(Allium lusitanicum)*
Blaugrüner Steinbrech *(Saxifraga caesia)*
Diptam *(Dictamnus albus)*
Duft-Skabiose *(Scabiosa canescens)*
Dunkle Flockenblume *(Centaurea nigra)*
Echte Pfingstrose *(Paeonia officinalis)*
Echte Schlüsselblume *(Primula veris)*
Echtes Tausendgüldenkraut *(Centaurium minus)*
Edel-Gamander *(Teucrium chamaedrys)*
Gelbe Skabiose *(Scabiosa ochroleuca)*
Gelber Wau *(Reseda lutea)*
Genfer Günsel *(Ajuga genevensis)*
Gewöhnliche Pechnelke *(Lychnis viscaria)*
Gewöhnlicher Feldrittersporn *(Consolida regalis)*
Gewöhnlicher Hornklee *(Lotus corniculatus)*
Gewöhnlicher Odermennig *(Agrimonia eupatoria)*
Gewöhnlicher Wirbeldost *(Clinopodium vulgare)*
Gold-Aster *(Aster linosyris)*
Große Fetthenne *(Sedum telephium)*
Hain-Salbei *(Salvia nemorosa)*
Kartäusernelke *(Dianthus carthusianorum)*
Knäuel-Glockenblume *(Campanula glomerata)*
Kugelköpfiger Lauch *(Allium sphaerocephalon)*
Ochsenauge *(Buphthalmum salicifolium)*
Pfirsichblättrige Glockenblume *(Campanula persicifolia)*
Purpur Fetthenne *(Hylotelephium telephium)*
Purpurblauer Steinsame *(Buglossoides purpurocae-rulea)*
Rapunzel-Glockenblume *(Campanula rapunculus)*
Rispige Graslilie *(Anthericum ramosum)*
Rosen-Malve *(Malva alcea)*
Rosmarin-Weidenröschen *(Epilobium dodonaei)*
Scheuchzers Glockenblume *(Campanula scheuchzeri)*
Schwarze Flockenblume *(Centaurea nigra)*
Schwarze Königskerze *(Verbascum nigrum)*
Skabiosen-Flockenblume *(Centaurea scabiosa)*
Strahlen-Breitsame *(Orlaya grandiflora)*
Taube Trespe *(Bromus sterilis)*
Taubenkropf-Leimkraut *(Silene vulgaris)*
Violette Königskerze *(Verbascum phoeniceum)*
Wilde Tulpe *(Tulipa sylvestris)*

TROCKENBEET AM HANG

Schwer zu mähende, steile, steinige und felsige Bereiche, wie man sie zum Beispiel an Hanglagen findet, eignen sich hervorragend für die Anlage eines naturnahen Beetes. Diese Standorte sind für Pflanzen mit geringem Wasser- und Nährstoffbedarf besonders gut geeignet. Für einen erfolgreichen Start empfiehlt es sich, Komposterde im Pflanzloch zu verwenden und mit verschiedenen Pflanzenarten zu experimentieren, um herauszufinden, wie sich die einzelnen Arten entwickeln und welche am besten zu diesem Standort passen.

ELEMENT 03. 03 SONNIG – NORMAL – HALBHOCH

Acker-Witwenblume [1]

Pechnelke [2]

Vielfarbige Wolfsmilch [3]

Echte Betonie [4]

Blumenbeete sind ein gestalterisches Ausdrucksmittel. Wohltuendes Grün und üppige Blütenpracht können der Zierde, als Dekoration und manchmal sogar als Prestigeobjekt dienen. All dies ist auch mit einheimischen Wildblumen möglich. Außerdem stellen einheimische Wildblumen wertvolle Elemente für die Artenvielfalt dar. Im Gegensatz zu vielen gezüchteten, sterilen Pflanzen, die oft mit imposanter Größe, exotischen Blüten- und Blattformen sowie auffälligen Farben aufwarten, sind Wildblumen hervorragende Teamplayer. So haben sie sich optimal auf die Bedürfnisse ihrer Bestäuberinsekten abgestimmt und umgekehrt die Bestäuberinsekten auf die heimischen Pflanzenarten. Diese über Jahrtausende entwickelte wechselseitige Beziehung ist eine Win-win-Situation: Pollen und Nektar gegen Bestäubung und Transport von Genmaterial.
Außerdem lassen sich Wildblumen auch farblich sehr gut miteinander kombinieren oder in schon bestehende Beete integrieren. Im Vergleich zu manchen Zuchtformen wirken Wildblumen eher zart und luftig, was ein flächiges Verweben von Formen und Farben ermöglicht. Dabei können sich spannende Impressionen von Verdichtung, Auflösung bis hin zu kunterbunten Mustern entwickeln. Dies ist vor allem bei der Selbstaussaat von ein- bis zweijährigen Pflanzen spannend, bei dem nach dem Zufallsprinzip immer wieder überraschende Pflanzenkombinationen und Gartenansichten entstehen können.
Da sich ein Beet oder eine Anlage mit ausschließlich kurzlebigen Pflanzen kaum oder nur sehr aufwendig gegen ein Vergrasen jäten lässt, sind mehrjährige Leitstauden hilfreich. Kräftige Pflanzen wie die Wiesen-Taglilie, Feuerlilien, Purpur-Fetthenne, Diptam und Lavendel bilden dichte Horste, die den Boden abdecken und dennoch genügend Raum für umspielende Gartenvagabunden bieten. Selbst klassische, streng geordnete Pflanzenbilder sind mit einheimischen, mehrjährigen Stauden dauerhaft möglich. So können beispielsweise die dichten Polster vom Deutschem Ziest, der Echten Betonie und dem Echten Thymian als niedere Bodendecker im Vordergrund eingesetzt und kräftigere Stauden nach hinten abgestuft werden.
Zum Erhalt eines gewünschten Pflanzbildes kann Verblühtes zurückgeschnitten werden, um die Samenbildung zu verhindern und eine zweite Blüte anzuregen.

[1] Weißklee-Gelbling oder Goldene Acht *(Colias hyale)* oder *(Colias alfacariensis)*
[2] Hummel *(Bombus* sp.*)*
[3] Kleine Kohlfliege *(Delia radicum)*
[4] Zitronenfalter *(Gonepteryx rhamni)*

01 AKELEI *(Aquilegia vulgaris)*
02 SIBIRISCHE SCHWERTLILIE *(Iris sibirica)*
03 GEWÖHNLICHE PECHNELKE *(Silene viscaria)*
04 AUSDAUERNDER LEIN *(Linum perenne)*
05 MUTTERKRAUT *(Tanacetum parthenium)*

Hier blüht es vielfältig und durchgängig: Mehrjährige Stauden bunt gemischt mit selbst ausgesäten ein- bis zweijährigen Pflanzen in einem Beet.

01 FLACHBLATT-MANNSTREU
02 GEWÖHNLICHE KRATZDISTEL

Der Flachblatt-Mannstreu versamt sich in Beeten moderat. Dagegen kann die Gewöhnliche Kratzdistel lästig werden, weshalb deren Samenstände in Beeten besser entfernt werden sollten.

PFLANZENLISTE
SONNIG – NORMAL – HALBHOCH

Acker-Witwenblume *(Knautia arvensis)*
Ausdauernder Lein *(Linum perenne)*
Berg-Aster *(Aster amellus)*
Blauer Eisenhut *(Aconitum napellus)*
Bunte Schwertlilie *(Iris variegata)*
Deutscher Ziest *(Stachys germanica)*
Diptam *(Dictamnus albus)*
Dolden-Milchstern *(Ornithogalum umbellatum)*
Duft-Skabiose *(Scabiosa canescens)*
Echte Betonie *(Betonica officinalis)*
Echte Katzenminze *(Nepeta cataria)*
Echte Pfingstrose *(Paeonia officinalis)*
Echte Schlüsselblume *(Primula veris)*
Echter Kümmel *(Carum carvi)*
Echter Lavendel *(Lavandula angustifolia)*
Echter Thymian *(Thymus vulgaris)*
Flachblatt-Mannstreu *((Eryngium planum)*
Gelbe Skabiose *(Scabiosa ochroleuca)*
Gelbe Taglilie *(Hemerocallis lilioasphodelus)*
Gewöhnliche Akelei *(Aquilegia vulgaris)*
Gewöhnliche Pechnelke *(Lychnis viscaria)*
Gewöhnlicher Reiherschnabel *(Erodium cicutarium)*
Glanzskabiose *(Scabiosa lucida)*
Goldhaar-Aster *(Aster linosyris)*
Große Fetthenne *(Hylotelephium telephium)*
Kleinblütige Königskerze *(Verbascum thapsus)*
Kugelköpfiger Lauch *(Allium sphaerocephalon)*
Mehlige Königskerze *(Verbascum lychnitis)*
Moschusmalve *(Malva moschata)*
Mutterkraut *(Tanacetum parthenium)*
Pfirsichblättrige Glockenblume *(Campanula persicifolia)*
Purpur-Fetthenne *(Hylotelephium telephium)*
Purpurblauer Steinsame *(Buglossoides purpurocae-rulea)*
Schwarze Königskerze *(Verbascum nigrum)*
Sibirische Schwertlilie *(Iris sibirica)*
Skabiosen-Flockenblume *(Centaurea scabiosa)*
Tauben-Skabiose *(Scabiosa columbaria)*
Vielfarbige Wolfsmilch *(Euphorbia epithymoides)*

BEETGESTATLUNG: DYNAMISCH ...

Wildpflanzen haben eine eigene Dynamik, die immer wieder für überraschende, neue Pflanzenkombinationen und Gartenbilder sorgt. Durch unterirdische und oberirdische Ausläuferbildung, lange, umknickende, samentragende Halme sowie Aussaat und Verteilung durch Wind und Tiere können Pflanzen wandern und sich so immer neue, geeignete Standorte erschließen. Dies sichert der Pflanze das Überleben und schützt Böden vor einseitiger Auslaugung. Die „Beetgestaltung" beruht dabei auf dem Zufall: Zu dicht oder schattig stehende oder kranke Pflanzen werden verdrängt oder von Schnecken gelichtet und große Pflanzen von Mäusen „verschlankt" – ein selbstorganisierendes Prinzip, das sich in der Evolution bewährt hat.

... UND GEORDNET

Wildpflanzen lassen sich auch für eine geordnete Gestaltung von Beeten einsetzen. Dafür eignen sich mehrjährige Stauden in Kombination mit zartwüchsigen und weniger konkurrenzstarken Ein- bis Zweijährigen für die Zwischenräume. Da Pflanzen in statischen Beeten über mehrere Jahre am gleichen Standort stehen, ist regelmäßige Pflege erforderlich: Zu große und dichte Stauden sollten durch Auslichten verjüngt, kranke Pflanzenteile und störende Pflanzen entfernt sowie eine unkontrollierte Selbstaussaat verhindert werden. Außerdem ist bei Bedarf eine zusätzliche Düngung mit Kompost ratsam. Pflanzenkombinationen und Gartenplanungen lassen sich besonders gut mit mehrjährigen Stauden dauerhaft erhalten.

ELEMENT 03. 04 SONNIG – NORMAL – HOCH

Gewöhnliche Nachtkerze

Arznei-Engelwurz

Rainfarn

Gewöhnlicher Natternkopf [1]

Mit unterschiedlichen Wuchshöhen kommt Dynamik und Abwechslung ins Blumenbeet. Schlank aufragende Königskerzen mit unermüdlicher Blühfreude, breit verzweigte Doldenblütler und das wie in die Luft gesprüht wirkende Gelb von Steinklee ziehen Blicke schon aus der Ferne an und machen neugierig auf weitere Entdeckungen. Dank ihrer Höhe gelangen auch kleinste Insekten in unsere Augenhöhe und lassen sich so im Vorbeigehen besser entdecken und beobachten. Es kann daher durchaus Sinn ergeben, entgegen der bekannten Gärtnerregel auch große Pflanzen direkt an den Beetrand zu setzen.
Zweijährige Pflanzen wie die Behaarte und Gewöhnliche Karde, Arznei-Engelwurz, Liebstöckel, Fingerhut-Arten und Echter Baldrian bilden im ersten Jahr zuerst Rosetten. Sie erreichen erst im zweiten Jahr ihre volle Größe und wirken dank ihrer fast blattlosen Stängel und Kerzen leicht und luftig. Dadurch ergeben sich reizvolle Durchblicke mit Transparenzen und Überlagerungseffekten auf die dahinterliegende Bepflanzung.
Etwas niedrigere, aber sehr windstabile Stauden wie Johanniskraut, Gewöhnliche Goldrute, Gilbweiderich, Herzgespann und Rainfarn eignen sich zur Gestaltung von pflegeleichten Staudenbeeten, die nur einmal im Frühjahr zurückgeschnitten werden müssen. Im Laufe einer Saison bilden sie dichte und geschützte Strukturen, die als Lebensraum für bodennah brütende Vögel, Igel, Erdkröten und Insekten dienen können. Auch im Winter profitieren viele Tiere von diesen Arten, da deren reife Samenstände eine wertvolle Futterquelle darstellen und das trockene Blattmaterial sowie die Stängel Unterschlupf zur Überwinterung bieten. Aus diesem Grund sollte der Rückschnitt erst im Frühjahr erfolgen, um den neu austreibenden Stauden Raum zu geben. Wenn man die Stängel dabei mit einer scharfen Schere auf Stummel von 10–20 cm zurückschneidet, erhält man ganz nebenbei ein XXL-Insektenhotel. Der Vorteil dabei ist, dass die Abschnitte in verschiedenen Winkeln von waagerecht bis senkrecht nach allen Seiten gerichtet stehen. Je nach Pflanzenart besitzen sie hohle oder markgefüllte Stängel mit unterschiedlichen Durchmessern, die den Bedürfnissen von verschiedenen Insektenarten entgegenkommen. Auf diese Weise entstehen im gesamten Garten immer frische, saubere Niströhren, die Parasitenbefall und Krankheiten vorbeugen.

[1] Blattschneiderbiene *(Megachile centuncularis)*

01 SUMPF-ZIEST *(Stachys palustris)*
02 GEFLECKTES JOHANNISKRAUT *(Hypericum maculatum)*
03 WOLLBIENE *(Anthidium* sp.*)*

Pflanzen können in ihren Standortansprüchen flexibel sein. Das zeigt sich in diesem Gartenbeet, in dem der feuchtigkeitsliebende Sumpf-Ziest in Kombination mit dem vorwiegend auf trockenen Standorten gedeihenden Gefleckten Johanniskraut steht.

01 GROSSBLÜTIGE KÖNIGSKERZE
02 PFIRSICHBLÄTTRIGE GLOCKENBLUME

Spannende Ansichten durch unterschiedliche Pflanzenhöhen: Große Dolden und hohe Kerzen dienen als Blickfang.

PFLANZENLISTE SONNIG – NORMAL – HOCH

Acker-Glockenblume *(Campanula rapunculoides)*
Arznei-Engelwurz *(Angelica archangelica)*
Blauer Eisenhut *(Aconitum napellus)*
Bunte Schwertlilie *(Iris variegata)*
Deutsche Schwertlilie *(Iris germanica)*
Echte Pfingstrose *(Paeonia officinalis)*
Echter Alant *(Inula helenium)*
Echter Baldrian *(Valeriana officinalis)*
Echter Eibisch *(Althaea officinalis)*
Echtes Herzgespann *(Leonurus cardiaca)*
Echtes Johanniskraut *(Hypericum perforatum)*
Echtes Seifenkraut *(Saponaria officinalis)*
Filzige Klette *(Arctium tomentosum)*
Geflecktes Johanniskraut *(Hypericum maculatum)*
Gelber Steinklee *(Melilotus officinalis)*
Gewöhnliche Goldrute *(Solidago virgaurea)*
Gewöhnliche Nachtkerze *(Oenothera biennis)*
Gewöhnlicher Beinwell *(Symphytum officinale)*
Gewöhnlicher Hohlzahn *(Galeopsis tetrahit)*
Gewöhnlicher Natternkopf *(Echium vulgare)*
Goldhaar-Aster *(Aster linosyris)*
Großblütige Königskerze *(Verbascum densiflorum)*
Großblütiger Fingerhut *(Digitalis grandiflora)*
Große Klette *(Arctium lappa)*
Hoher Steinklee *(Melilotus altissimus)*
Kleinblütige Königskerze *(Verbascum thapsus)*
Kugelköpfiger Lauch *(Allium sphaerocephalon)*
Liebstöckel *(Levisticum officinale)*
Mehlige Königskerze *(Verbascum lychnitis)*
Moschusmalve *(Malva moschata)*
Nesselblättrige Glockenblume *(Campanula trachelium)*
Pfirsichblättrige Glockenblume *(Campanula persicifolia)*
Rainfarn *(Tanacetum vulgare)*
Rosen-Malve *(Malva alcea)*
Rosmarin-Weidenröschen *(Epilobium dodonaei)*
Roter Fingerhut *(Digitalis purpurea)*
Schwarze Königskerze *(Verbascum nigrum)*
Weißer Steinklee *(Melilotus albus)*
Wilde Karde *(Dipsacus fullonum)*
Wilde Malve *(Malva sylvestris)*
Wolfs-Eisenhut *(Aconitum vulparia)*

BREITBLÄTTRIGE PLATTERBSE *(Lathyrus latifolius)*

Hohe und anlehnungsbedürftige Pflanzen wie beispielsweise Platterbsen, Wicken, Malven und Glockenblumen sind oft nicht windstabil. Pflanzt man diese in locker aufgelegte Äste und Zweige, erhalten sie dadurch eine Stütze, die selbst auch schnell bewachsen wird. Für die Artenvielfalt wichtiges Totholz kann so sinnvoll und fast unsichtbar in den Garten integriert werden.

ELEMENT 03. 05 SONNIG – FEUCHT

Blaue Himmelsleiter [1]

Rote Lichtnelke [2]

Große Sterndolde [3]

Punktierter Gilbweiderich

Sonnige, durchgängig feuchte bis zeitweise nasse Stellen finden sich in Senken, in denen sich Regenwasser sammeln kann, oder in der Nähe von Gewässern wie Teichen, Weihern, Bächen, Gräben und Quellen, die ihre nähere Umgebung tiefgründig mit Feuchtigkeit versorgen. In Gärten, Parks und öffentlichen Grünanlagen findet man solche Bodenverhältnisse seltener, da diese oft entwässert werden und die steigenden sommerlichen Temperaturen selbst bisher feuchte Böden austrocknen. Um auch dort gute Wachstumsbedingungen für feuchtigkeitsliebende Pflanzen wie den Gewöhnlichen Teufelsabbiss, die Kuckucks-Lichtnelke und den Gewöhnlichen Blutweiderich zu schaffen, gibt es verschiedene Möglichkeiten. Dazu zählen beispielsweise die Ableitung und großflächige Versickerung des Regenwassers von Dächern in Wiesen und Beeten sowie die Nutzung von Überläufen an Teichen für die umgebenden Uferbereiche. Durch diese zusätzliche Bewässerung werden auch tiefere Bodenschichten intensiver durchnässt und können so als Wasserspeicher für Pflanzen in regenarmen Zeiten dienen. Für typische Sumpfpflanzen wie die Sumpfdotterblume ist diese Bodenfeuchtigkeit allerdings nicht ausreichend. Sie genügt aber Pflanzen mit flexibleren Ansprüchen wie zum Beispiel Echtes Mädesüß, Großer Wiesenknopf, Ufer-Wolfstrapp und Huflattich. Darüber hinaus gedeihen da auch beliebte Blühpflanzen sehr gut, die aus Bauerngärten bekannt sind; beispielsweise die Gewöhnliche Akelei, der Gewöhnliche Beinwell, der Echte Eibisch, die Blaue Himmelsleiter, das Ausdauernde Silberblatt, der Blaue Eisenhut und die Pracht-Nelke. Sehr wüchsige Pflanzen wie Beifuß, der Wald-Geißbart und der Adlerfarn eignen sich aufgrund ihres Platzbedarfs für große Beete und Anlagen an feuchten Gehölz- und Waldrändern oder Senken. Um Feuchtigkeit im Boden zu halten, ist die Bedeckung des Bodens durch Pflanzen oder eine Mulchschicht aus organischem Material oder Steinen wichtig. Bei nährstoffliebenden Pflanzen kann der komplette Rückschnitt daher zerkleinert auf den Beeten liegen bleiben, was für eine hervorragende, feinkrümelige Bodenqualität sorgt. Die groben Strukturen des Rückschnitts kommen auch Amphibien wie Fröschen und Molchen zugute, die unter einer dickeren Mulchschicht Futter, aber auch Schutz und ausreichende Feuchtigkeit finden.

[1] Westliche Honigbiene *(Apis mellifera)*
[2] Gartenhummel *(Bombus hortorum)*
[3] Kleinen Halsbock *(Pseudovadonia livida)*

GEWÖHNLICHER TEUFELSABBISS *(Succisa pratensis)*
ACKERHUMMEL *(Bombus pascuorum)*

Der Gewöhnliche Teufelsabbiss bildet dichte, langsam größer werdende Polster, versamt sich moderat und ist daher eine pflegeleichte, attraktive Pflanze für halbschattige bis schattige Beete.

GROSSER WIESENKNOPF

Der Große Wiesenknopf ist auf Nass- und Moorwiesen heimisch, lässt sich aber auch in schattigen, feuchten Bereichen von Gärten und Anlagen ansiedeln.

WASSER FÜR DURSTIGE RETTEN

Immer häufiger auftretende Dürreperioden und Starkregenereignisse können abgemildert werden, wenn Gartenböden reich an Humus oder organischem Material sind und somit Wasser aufnehmen und speichern können. Warum also nicht einen Teil der Wiesenfläche hinter dem Haus als leicht abgesenktes feuchtes Blumenbeet nutzen **01**, um das sonst nutzlos abfließende Wasser von den Dächern zur Versickerung zu verwenden? Solche feuchten bis nassen Bereiche lassen dann auch Pflanzen wie die Kuckuckslichtnelke, den Blutweiderich, die Ross-Minze und den Großen Wiesenknopf längere Hitzeperioden besser überstehen – und tragen dazu bei, dass feuchtigkeitsliebende Pflanzen öfter in Gärten vertreten sind und somit für mehr Vielfalt sorgen.

01

PFLANZENLISTE SONNIG – FEUCHT

Bach-Nelkenwurz *(Geum rivale)*
Blaue Himmelsleiter *(Polemonium caeruleum)*
Echtes Mädesüß *(Filipendula ulmaria)*
Gelbgrüner Frauenmantel *(Alchemilla xanthochlora)*
Gewöhnlicher Beinwell *(Symphytum officinale)*
Gewöhnlicher Blutweiderich *(Lythrum salicaria)*
Gewöhnlicher Frauenmantel *(Alchemilla vulgaris)*
Gewöhnlicher Gilbweiderich *(Lysimachia vulgaris)*
Gewöhnlicher Teufelsabbiss *(Succisa pratensis)*
Gewöhnlicher Wasserdost *(Eupatorium cannabinum)*
Große Sterndolde *(Astrantia major)*
Großer Wiesenknopf *(Sanguisorba officinalis)*
Hohe Schlüsselblume *(Primula elatior)*
Huflattich *(Tussilago farfara)*
Kleiner Baldrian *(Valeriana dioica)*
Kohldistel *(Cirisium oleraceum)*
Kuckucks-Lichtnelke *(Lychnis flos-cuculi)*
Pracht-Nelke *(Dianthus superbus)*
Punktierter Gilbweiderich *(Lysimachia punctata)*
Purpurrote Taubnessel *(Lamium purpureum)*
Riesen-Taubnessel *(Lamium orvala)*
Rosenwurz *(Rhodiola rosea)*
Ross-Minze *(Mentha longifolia)*
Rote Lichtnelke *(Silene dioica)*
Schöllkraut *(Chelidonium majus)*
Ufer-Wolfstrapp *(Lycopus europaeus)*
Weiße Taubnessel *(Lamium album)*
Wilde Karde *(Dipsacus fullonum)*

ELEMENT
03. 06 HALBSCHATTEN

Akeleiblättrige Wiesenraute [1]

Nesselblättrige Glockenblume [2]

Echtes Seifenkraut [3]

Gewöhnliche Waldrebe

In Gartenbereichen, die teilweise von Gebäuden, Mauern und Gehölzen beschattet werden, ist die Auswahl an Pflanzen eingeschränkt. Oft werden diese Zonen mit Zuchtformen von Hosta und Hortensien bepflanzt, die jedoch für unsere einheimische Tierwelt meist nicht nutzbar sind. Dabei lassen sich auch bei uns attraktive, schattenverträgliche Pflanzenarten finden, deren Blätter und Blüten Insekten Futter bieten. Bei der Auswahl der Pflanzen kann man sich von Pflanzenarten des Waldrandes und von Waldlichtungen inspirieren lassen.

Es kann außerdem spannend sein, die natürliche Entwicklung eines halbschattigen Bereichs erst einmal über ein bis zwei Jahre zu beobachten und nichts zu tun, denn oft findet sich der standortgerechte Bewuchs von ganz allein ein. In der Folge kann man dann stellenweise regulierend eingreifen und die eine oder andere Pflanzenart integrieren, um die Pflanzenvielfalt reichhaltiger zu gestalten.

Halbschattige Standorte eignen sich auch für schlingende oder kletternde Pflanzen, wenn diese in feuchtem, kühlem Boden wurzeln können, in der Höhe aber zugleich genügend Sonne erhalten. Beispiele hierfür sind der Echte Hopfen *(Humulus lupulus)*, die blau blühende Alpen-Waldrebe *(Clematis alpina)* und die weiß blühende Gewöhnliche Waldrebe *(Clematis vitalba)*. Diese bevorzugen einen feuchten, humosen Wurzelbereich in schattiger Lage und nutzen dann Gehölzstrukturen und Rankhilfen, um ihren Platz an der Sonne zu ergattern.

Nur schütter bewachsene oder mit Laub bedeckte Bereiche unter Gehölzen ohne wintergrünen Bewuchs sind eine gute Gelegenheit, um Frühblühern die Gelegenheit zu geben, als erste bunte Frühlingsboten zu brillieren. Sie erhalten an diesen Standorten genügend Licht, um früh zu blühen, also bevor die Gehölze darüber ausschlagen und deren Laub dann zu viel Schatten auf den Boden wirft. Dadurch lässt sich die Dauer des Blütenangebots im eigenen Garten deutlich verlängern, was für die Vielfalt von nektar- und pollensammelnden Insekten optimal ist.

Ein Vorteil von halbschattigen Standorten ist zudem, dass die Pflanzen hier meist mehr Feuchtigkeit vorfinden als an vollsonnigen Standorten. Auch die Temperatur ist an diesen Standorten niedriger, wodurch die Pflanzen im Jahresverlauf ohne Bewässerung länger grün und die Blüten länger frisch bleiben.

[1] Goldglänzender Rosenkäfer *(Cetonia aurata)*
[2] Große Wiesenschwebfliege *(Epistrophe grosssulariae)*
[3] Gartenhummel *(Bombus hortorum)*

ECHTER BALDRIAN *(Valeriana officinalis)*

Trotz Wuchshöhen zwischen einem und zwei Metern ist der Echte Baldrian sehr windstabil und punktet mit strahlenden, reinweißen bis rosa Blüten vor dunklem und schattigem Hintergrund.

Wald-Ziest

Atlantisches Hasenglöckchen

Echter Beinwell [1]

Zwerg-Holunder [2]

PFLANZENLISTE HALBSCHATTEN

Akeleiblättrige Wiesenraute *(Thalictrum aquilegifolium)*
Alpen-Waldrebe *(Clematis alpina)*
Atlantisches Hasenglöckchen *(Hyacinthoides non-scripta)*
Aufrechte Waldrebe *(Clematis recta)*
Bärenschote *(Astragalus glycyphyllos)*
Bärlauch *(Allium ursinum)*
Behaarte Karde *(Dipsacus pilosus)*
Bunter Eisenhut *(Aconitum variegatum)*
Diptam *(Dictamus albus)*
Echter Alant *(Inula helenium)*
Echter Baldrian *(Valeriana officinalis)*
Echter Beinwell *(Symphytum officinale)*
Echter Seidelbast *(Daphne mezereum)*
Echtes Lungenkraut *(Pulmonaria officinalis)*
Echtes Seifenkraut *(Saponaria officinalis)*
Gefleckte Taubnessel *(Lamium maculatum)*
Gewöhnliche Nachtviole *(Hesperis matronalis)*
Gewöhnlicher Haselwurz *(Asarum europaeum)*
Gewöhnliche Waldrebe *(Clematis vitalba)*
Gewöhnliches Hexenkraut *(Circaea lutetiana)*
Große Brennnessel *(Urtica dioica)*
Hohler Lerchensporn *(Corydalis cava)*
Knoblauchsrauke *(Alliaria petiolata)*
Knotige Braunwurz *(Scrophularia nodosa)*
Leberblümchen *(Hepatica nobilis)*
Maiglöckchen *(Convallaria majalis)*
Nesselblättrige Glockenblume *(Campanula trachelium)*
Purpurrote Taubnessel *(Lamium purpureum)*
Schneerose *(Helleborus niger)*
Stängellose Schlüsselblume *(Primula vulgaris)*
Wald-Engelwurz *(Angelica sylvestris)*
Wald-Labkraut *(Galium sylvaticum)*
Wald-Sanikel *(Sanicula europaea)*
Wald-Veilchen *(viola reichenbachiana)*
Wald-Vergissmeinnicht *(Myosotis sylvatica)*
Wald-Witwenblume *(Knautia dipsacifolia)*
Wald-Ziest *(Stachys sylvatica)*
Waldmeister *(Galium odoratum)*
Weiches Lungenkraut *(Pulmonaria mollis)*
Zwerg-Holunder *(Sambucus ebulus)*

[1] Gartenhummel *(Bombus hortorum)*
[2] Wanzenfliege *(Phasia hemiptera)*

WUCHSHÖHEN TRENNEN

Halbschattige Bereiche, beispielsweise an der Ost- oder Westseite von Gebäuden sowie an Bäumen und Gehölzrändern, können die Gelegenheit bieten, einen ruhigen Lebensraum für Tiere zu schaffen. Bei der Unterpflanzung von Büschen und Bäumen kann es hilfreich sein, niederwachsende **01** von hochwachsenden **02** Kräutern und Gräsern zu trennen. Außerdem sollten die Wuchsstärken der eingesetzten Pflanzen in etwa gleich sein. So können hohe Pflanzen wie Beinwell, Echtes Seifenkraut, Nesselgewächse, Wald-Ziest und Gewöhnliches Hexenkraut und in großen Anlagen sogar der Zwerg-Holunder gegeneinander antreten und dichte, geschützte Rückzugszonen bilden. Kleinwüchsige Pflanzen wie Leberblümchen, Lungenkräuter, Schneerosen, Haselwurz, Wald-Veilchen und Frühblüher sollten hingegen nicht von größeren oder wintergrünen Pflanzen bedrängt und zusätzlich beschattet werden. Beim Einsatz von ein- bis zweijährigen Pflanzen wie Wald-Vergissmeinnicht, Behaarte Karde und Wald-Engelwurz sollte zudem auf einen lichteren Bewuchs geachtet werden, damit sich diese regelmäßig aussäen können und zum Keimen bodenoffene Stellen finden, um sich auf Dauer zu etablieren.

ELEMENT
03. 07

SCHATTEN

Wald-Veilchen

Waldmeister

Stinkende Nieswurz

Echter Wurmfarn

Vereinfacht gesagt ist Licht die Energiequelle für Pflanzen. Mittels Fotosynthese werden in Wasser gelöste Nährstoffe und CO_2 aus der Umgebungsluft umgewandelt und für die Pflanze in Form von Zucker verfügbar gemacht. Im Schatten ist es aufgrund der geringen Sonnenstrahlung schwierig, die nötige Energie zu produzieren. Ein Fall für Spezialisten! Junge Bäume im Schatten großer Bäume setzen dabei zum Beispiel auf Sparsamkeit und Geduld und warten ab, bis irgendwann mehr Licht durch die Baumwipfel dringt und sich die Wachstumsbedingungen verbessern. Ein verlangsamter Stoffwechsel und die Symbiose mit Pilzen und Bäumen helfen hingegen manchen Lilienarten, im Schatten zu überleben. Entsprechend kann es viele Jahre dauern, bis beispielsweise das Weiße Waldvöglein, eine Lilienart, zum ersten Mal Blätter treibt und blüht. Andere Pflanzen wie der bleiche Fichtenspargel und Vogel-Nestwurz wiederum verzichten ganz auf die Fotosynthese und beziehen die benötige Energie stattdessen als Schmarotzer von Pilzen, die wiederum in Symbiose mit Bäumen leben, welche die nötige Energie herstellen können.

In schattigen Gehölzbereichen kann sich aber auch Schnelligkeit auszahlen, wie es bei vielen „unverfrorenen“ Frühblühern der Fall ist, die das kurze Zeitfenster im Frühjahr nutzen, um zu blühen und Nährstoffe in Rhizomen, Zwiebeln und Speicherwurzeln zu speichern, ehe sich das Blätterdach von Bäumen und Büschen schließt und diese Pflanzen abwarten, bis sie im nächsten zeitigen Frühjahr erneut auf die Schnelle wachsen, blühen und sich vermehren können. Im Gegensatz dazu können absolute Schattenspezialisten wie Farne, Moose und Gräser auch bei einem Mangel an Licht gut gedeihen. Deshalb eignen sich viele einheimische Waldpflanzen besonders gut für die Bepflanzung von schattigen Nordseiten von Gebäuden, Mauern sowie an und unter Bäumen oder Gebüschen.

Vor dem Hintergrund zunehmend heißer werdender Sommer bietet es sich an, schattige Bereiche gezielt zu bepflanzen, um ein ausgeglicheneres und kühleres Klima an Gebäuden für die heißen Sommermonate zu erhalten und zu schaffen. Nebenbei lassen sich so spannende Lebensräume gestalten, bei denen sich Pilze, Moose, Flechten und verschiedene Tierarten von ganz allein einfinden.

BÄRLAUCH *(Allium ursinum)*

Beim Bärlauch sind Blätter und Blüten essbar. Im Frühjahr können sie als erste frische Wildkräuter für Pesto und Salate gesammelt werden.

PFLANZENLISTE SCHATTEN

Atlantisches Hasenglöckchen *(Hyacinthoides non-scripta)*
Bärlauch *(Allium ursinum)*
Echter Salomonssiegel *(Polygonatum odoratum)*
Echter Seidelbast *(Daphne mezereum)*
Echtes Lungenkraut *(Pulmonaria officinalis)*
Eisenhutblättriger Hahnenfuß *(Ranunculus acontitfolius)*
Finger-Zahnwurz *(Cardamine pentaphyllos)*
Gefleckte Taubnessel *(Lamium maculatum)*
Gelbes Windröschen *(Anemone rapuncoloides)*
Gelbgrüner Frauenmantel *(Alchemilla xanthochlora)*
Gewöhnliche Goldnessel *(Lamium galeobdolon)*
Gewöhnlicher Frauenmantel *(Alchemilla vulgaris)*
Gewöhnliches Hexenkraut *(Circaea lutetiana)*
Gewöhnliches Scharbockskraut *(Ranunculus ficaria)*
Haselwurz *(Asarum europaeum)*
Kleiner Baldrian *(Valeriana dioica)*
Kleines Immergrün *(Vinca minor)*
Knoblauchsrauke *(Alliaria petiolata)*
Knotige Braunwurz *(Scrophularia nodosa)*
Leberblümchen *(Hepatica nobilis)*
Ruprechtskraut *(Geranium robertianum)*
Schneerose *(Helleborus niger)*
Schneeweiße Hainsimse *(Luzula nivea)*
Stinkende Nieswurz *(Helleborus foetidus)*
Vielblütige Weißwurz *(Polygonatum multiflorum)*
Wald-Geißbart *(Aruncus dioicus)*
Waldmeister *(Galium odoratum)*
Wald-Sauerklee *(Oxalis acetosella)*
Wald-Schachtelhalm *(Equisetum arvense)*
Wald-Veilchen *(viola reichenbachiana)*
Weiches Lungenkraut *(Pulmonaria mollis)*
Wolliger Hahnenfuß *(Ranunculus lanuginosus)*
Zweiblättriges Schattenblümchen *(Maianthemum bifolium)*

FARNE
Adlerfarn *(Pteridium aquilinum)*
Braunstieliger Streifenfarn *(Asplenium trichomanes)*
Echter Wurmfarn *(Dryopteris filix-mas)*
Gewöhnlicher Tüpfelfarn *(Polypodium vulgare)*
Hirschzungenfarn *(Phyllitis scolopendrium)*
Mauerraute *(Asplenium ruta-muraria)*
Rippenfarn *(Blechnum spicant)*
Straußenfarn *(Matteuccia struthioptieris)*
Wald-Frauenfarn *(Athyrium filix-femina)*

SCHATTEN – EIN FALL FÜR SPEZIALISTEN

Nordseiten von Gebäuden und Mauern mit zusätzlichen Sträuchern und Bäumen können dauerhaft beschattet sein. Hier haben unter Umständen selbst Frühblüher, die die Zeit vor der Belaubung der Bäume nutzen, zu wenig Licht. Bei der Suche nach passenden Pflanzen kann man sich an der Vegetation des Waldes orientieren – eine fast exotisch anmutende Welt von Farnen, Moosen und Pilzen. Eine dicke Laubschicht, Totholz und Steine schaffen waldähnliche Bodenbedingungen, damit Feuchtigkeit gehalten wird und Schattenspezialisten Holz- und Steinflächen erobern können.

ELEMENT
03. 08

FRÜHBLÜHER

Weiße Narzisse

Elfen-Krokus

Gewöhnliches Schneeglöckchen

Wilde Tulpe

Die Sprinter unter den Frühblühern sind Klassiker wie das Schneeglöckchen, Winterlinge, Elfen-Krokusse, Schneerosen und Nieswurz. Kurz darauf gesellen sich Frühlings-Platterbsen, Tulpen, Narzissen, Lungenkraut, Leberblümchen und weitere hinzu. Ihnen allen gemein ist, dass sie sich eine konkurrenzarme Nische erobert haben, indem sie sehr früh im Jahr vor der Hauptvegetationsperiode blühen, Nährstoffe sammeln, sich vermehren und dann in eine Ruhephase übergehen. Viele Vertreter davon findet man unter einheimischen Pflanzen des Waldes oder des Waldrandes, aber auch unter Wiesen- und Beetpflanzen sind sie verbreitet. Früh blühende Veilchen, Schlüsselblumen, Hyazinthen, Narzissen sowie Tulpen nutzen das Zeitfenster vor der Wachstumsperiode anderer Pflanzen, um neben Licht und Feuchtigkeit auch genügend Raum zur Entwicklung zu ergattern, bevor sie von wachstumsstärkeren Pflanzen über die Sommerperiode überwachsen oder verschattet werden. Zwiebelpflanzen ziehen ihre Blätter dabei vollständig ein und können bis zum nächsten Frühjahr sogar von anderen Pflanzen verschattet werden, ohne Schaden zu nehmen.
Dank nacheinander folgender Wachstumsphasen lässt sich eine Fläche so dank Frühblühern von mehr Pflanzen und dadurch sehr effektiv nutzen. Solche Pflanzenkombinationen lassen sich auch im Beerengarten umsetzen. Hier können Veilchen oder Scharbockskraut mit Sommerhimbeeren oder Brombeeren kombiniert werden, da die Beerensträucher oft erst austreiben, wenn die bodendeckenden Frühblüher schon wieder eingezogen haben.
Frühblüher sind nicht nur willkommene erste Frühlingsboten, sondern stellen auch schon sehr früh im Jahr zahlreichen Insekten Pollen und Nektar bereit. Auf das frühe Nahrungsangebot an Pollen und Nektar haben sich auch einige tierische Spezialisten angepasst; in einigen Fällen sind sie sogar ganz auf diese Frühblüher angewiesen. Abhängigkeiten von Bestäubern zu bestimmten Blühpflanzen lassen sich oft an deren Namen erkennen. Beispiele hierzu sind Schmetterlingsarten wie der Huflattichwickler *(Epiblema cf. sticticana)* und die Primel-Erdeule *(Diarsia mendica)* sowie das Maiglöckchenhähnchen *(Lilioceris merdigera)*, eine Käferart.

GEWÖHNLICHE PESTWURZ *(Petasites hybridus)*

Der Blütenstand der Gewöhnlichen Pestwurz erscheint vor dem Austrieb der Blätter, die einen Durchmesser von bis zu 60 cm erreichen können.

WECHSELBLÄTTRIGES MILZKRAUT [1]

Das im Frühjahr gelbgrün leuchtende Wechselblättrige Milzkraut gedeiht in durchfeuchteten, humusreichen Waldböden und eignet sich auch für schattige Sumpfbeete.

PFLANZENLISTE FRÜHBLÜHER

Busch-Windröschen *(Anemone nemorosa)*
Echte Schlüsselblume *(Primula veris)*
Echter Seidelbast *(Daphne mezereum)*
Elfen-Krokus *(Crocus tommasinianus)*
Europäische Trollblume *(Trollius europaeus)*
Europäisches Alpenveilchen *(Cyclamen purpurascens)*
Frühlings-Adonisröschen *(Adonis vernalis)*
Frühlings-Knotenblume *(Leucojum vernum)*
Frühlings-Krokus *(Crocus albiflorus)*
Frühlings-Platterbse *(Lathyrus vernus)*
Gefingerter Lerchensporn *(Corydalis solida)*
Gelbe Narzisse *(Narcissus pseudonarcissus)*
Gelbes Hungerblümchen *(Draba aizoides)*
Gelbes Windröschen *(Anemone rapuncoloides)*
Gewöhnliche Küchenschelle *(Pulsatilla vulgaris)*
Gewöhnliche Pestwurz *(Petasites hybridus)*
Gewöhnliches Scharbockskraut *(Ranunculus ficaria)*
Gewöhnliches Schneeglöckchen *(Galanthus nivalis)*
Hain-Veilchen *(Viola riviniana)*
Hohler Lerchensporn *(Corydalis cava)*
Huflattich *(Tussilago farfara)*
Hunds-Veilchen *(Viola canina)*
Kleiner Krokus *(Crocus chrysanthus)*
Kleines Immergrün *(Vinca minor)*
Leberblümchen *(Hepatica nobilis)*
Maiglöckchen *(Convallaria majalis)*
Quirlblättrige Weißwurz *(Polygonatum verticillatum)*
Schneerose *(Helleborus niger)*
Schopfige Traubenhyazinthe *(Muscari comosum)*
Sibirischer Blaustern *(Scilla siberica)*
Stängellose Schlüsselblume *(Primula vulgaris)*
Vielblütige Weißwurz *(Polygonatum multiflorum)*
Waldmeister *(Galium odoratum)*
Wald-Sauerklee *(Oxalis acetosella)*
Wald-Veilchen *(Viola reichenbachiana)*
Wechselblättriges Milzkraut *(Chrysosplenium alternifolium)*
Weinbergs-Traubenhyazinthe *(Muscari neglectum)*
Weiße Narzisse *(Narcissus poeticus)*
Weiße Pestwurz *(Petasites albus)*
Wilde Tulpe *(Tulipa sylvestris)*
Winterling *(Eranthis hyemalis)*
Wohlriechende Weißwurz *(Polygonatum odoratum)*
Wohlriechendes Veilchen *(Viola odorata)*
Zweiblättriger Blaustern *(Scilla bifolia)*

[1] Graugelbe Polsterfliege *(Pollenia rudis)*

Stängellose Schlüsselblume

Geflecktes Lungenkraut

Gewöhnliches Scharbockskraut

Wald-Sauerklee

Frühlings-Platterbse

Echte Schlüsselblume

Huflattich

Schneerose

ELEMENT
03.09 ROSEN

Ideale Rosen bieten Pollen, Nektar [1],

zahlreiche, offene Blüten,

Raupenfutter und Nistmaterial [2]

sowie viele Früchte für Tiere.

Rosen gehören zweifellos zu den beliebtesten Blumen weltweit. Kein Wunder, dass es unzählige Zuchtformen gibt, bei denen ästhetische Merkmale wie Blütenfarbe, Blütenfüllung, Form und Größe im Vordergrund stehen. Allerdings kann intensive Zucht dazu führen, dass einige wichtige Eigenschaften wie der Duft, das Pollen- und Nektarangebot sowie die Fähigkeit zur Bildung von Hagebutten verloren gehen. Außerdem können die Pflanzen durch die intensive Zucht eine höhere Anfälligkeit gegenüber Krankheiten und Schädlingen sowie eine geringere Anpassungsfähigkeit aufweisen. Das ist bedauerlich, denn wilde Rosen sind Multitalente für die Artenvielfalt. Wildrosen punkten durch ihre zahlreichen Blüten als reichhaltige Nektar- und Pollenquellen sowie durch ihre ungefüllten Blüten, die von Insekten unbehindert angeflogen werden können. Die Blätter der Rosen sind eine wichtige Nahrungsquelle für Raupen von Schmetterlingen und anderen Insekten und dienen sogar als Nistmaterial für die Blattschneiderbiene, die ihre Niströhren mit ausgeschnittenen Blattsegmenten auskleidet. Auch zahlreiche Vogelarten profitieren von durch Rosensträucher angelockten Insekten, von den Hagebutten als Winterfutter und von den dichten, stachelbewehrten Nistmöglichkeiten, die Jungvögeln Schutz vor Fressfeinden bieten. Beim Kauf von Rosen sollte man darauf achten, Sorten mit ungefüllten Blüten auszuwählen, denn nur diese stellen Nektar und Pollen für Insekten bereit. Eine einfache Möglichkeit ist es, sich für eine der etwa 30 verschiedenen einheimischen Wild- rosenarten zu entscheiden. Diese sind nicht nur hübsch anzusehen, sondern auch perfekt an die Bedürfnisse verschiedener Tierarten angepasst. Dank ihrer vielfältigen Wuchsformen und Höhen eignen sie sich für verschiedene Anwendungen, sei es als Rambler in Gebüschstreifen, als Kletterrosen für Parkanlagen und Gärten oder für Balkontöpfe (dazu sind besonders kompakte Arten wie die Lederblättrige Rose geeignet). Wildrosen bieten eine breite Auswahl an kletternden, kompakten und kriechenden Arten, mit wenigen bis vielen Stacheln und Blüten in einer Vielzahl von Farben von Weiß über Rosa bis Magenta, begleitet von leuchtend gelben Staubgefäßen sowie roten und schwarzen Hagebutten. Hier sollte für jede Rosenliebhaberin etwas Passendes dabei sein.

[1] Späte Großstirnschwebfliege *(Scaeva pyrastri)*
[2] Ausgeschnittene Blattsegmente einer Blattschneiderbiene *(Megachile* sp.*)*

KULTUR-ROSE *(Rosa* sp.*)*
KLEINE SCHWEBFLIEGE *(Syrphus vitripennis)*

Auch kultivierte Rosen können einen positiven Beitrag zur Artenvielfalt leisten, insbesondere solche mit zahlreichen ungefüllten Blüten, die Insekten ein attraktives Nektar- und Pollenangebot bieten. Zusätzlich sollten sie keine Hybriden sein und Hagebutten entwickeln, da diese im Winter eine wichtige Nahrungsquelle für Vögel darstellen.

Zimt-Rose

Feldrose

Rotblatt-Rose

Bibernell-Rose

PFLANZENLISTE ROSEN

ROSEN BIS 1,5 METER
(Bilderreihe links)

Apfel-Rose *(Rosa villosa)*
Bibernell-Rose *(Rosa spinosissima)*
Essig-Rose *(Rosa gallica)*
Feldrose *(Rosa arvensis)*
Filz-Rose *(Rosa tomentosa)*
Gebirgs-Rose *(Rosa pendulina)*
Kratz-Rose *(Rosa pseudoscabriuscula)*
Lederblättrige Rose *(Rosa caesia)*
Rätische Rose *(Rosa rhaetica)*
Samt-Rose *(Rosa sherardii)*
Tannen-Rose *(Rosa abietina)*
Uri-Rose *(Rosa uriensis)*
Weiche Rose *(Rosa mollis)*
Zimt-Rose *(Rosa majalis)*

ROSEN ÜBER 1,5 METER
(Bilderreihe rechts)

Ackerrose *(Rosa agrestis)*
Berg-Rose *(Rosa montana)*
Chavins Rose *(Rosa chavinii)*
Griffel-Rose *(Rosa stylosa)*
Hecken-Rose *(Rosa corymbifera)*
Hügel-Rose *(Rosa subcollina)*
Hundsrose *(Rosa canina)*
Jundzills-Rose *(Rosa jundzillii)*
Keilblättrige Rose *(Rosa elliptica)*
Kleinblütige Rose *(Rosa micrantha)*
Langstielige Vogesen-Rose *(Rosa subcanina)*
Raublättrige Rose *(Rosa jundzillii)*
Rotblatt-Rose *(Rosa glauca)*
Stumpfblättrige Rose *(Rosa tomentella)*
Vogesen-Rose *(Rosa dumalis)*
Wein-Rose *(Rosa rubiginosa)*

Hundsrose [1]

Rätische Rose

Kleinblütige Rose

Jundzills-Rose

[1] Baumhummel *(Bombus hypnorum)*

PFLANZENLISTE ROSENBEGLEITER

Alpen-Waldrebe *(Clematis alpina)*
Aufrechter Ziest *(Stachys recta)*
Berg-Aster *(Aster amellus)*
Berg-Flockenblume *(Cyanus montanus)*
Echte Katzenminze *(Nepeta cataria)*
Echter Lavendel *(Lavandula angustifolia*
Echter Thymian *(Thymus vulgaris)*
Echtes Johanniskraut *(Hypericum perforatum)*
Gewöhnliche Akelei *(Aquilegia vulgaris)*
Gewöhnliche Wiesen-Schafgarbe *(Achillea millefolium)*
Gewöhnlicher Frauenmantel *(Alchemilla vulgaris)*
Großblütige Braunelle *(Prunella grandiflora)*
Hain-Salbei *(Salvia nemorosa)*
Kartäusernelke *(Dianthus carthusianorum)*
Pfirsichblättrige Glockenblume *(Campanula persicifolia)*
Rundblättrige Fetthenne *(Hylotelephium anacampseros)*
Skabiosen-Flockenblume *(Centaurea scabiosa)*
Tauben-Skabiose *(Scabiosa columbaria)*
Weinraute *(Ruta graveolens)*
Wiesen-Storchschnabel *(Geranium pratense)*

BODENDECKER
Alpen-Grasnelke *(Armeria alpina)*
Frühlings-Enzian *(Gentiana verna)*
Genfer Günsel *(Ajuga genevensis)*
Gundermann *(Glechoma hederacea)*
Hain-Veilchen *(Viola riviniana)*
Heidekraut *(Calluna vulgaris)*
Heide-Nelke *(Dianthus deltoides)*
Knack-Erdbeere *(Fragaria viridis)*
Kriechender Günsel *(Ajuga reptans)*
Pfennigkraut *(Lysimachia nummularia)*
Sand-Thymian *(Thymus serpyllum)*
Scharbockskraut *(Ficaria verna)*
Scharfer Mauerpfeffer *(Sedum acre)*
Stängellose Schlüsselblume *(Primula vulgaris)*
Stein-Nelke *(Dianthus sylvestris)*
Zypressen-Wolfsmilch *(Euphorbia cyparissias)*

Alpen-Waldrebe (Zuchtform)

Weinraute

Zypressen-Wolfsmilch [2]

Berg-Aster

[2] Graugrüner Schenkelkäfer *(Oedemera virescens)*

ELEMENT 03. 10

RARITÄTEN

Gewöhnliche Kuhschelle

Roter Fingerhut [1]

Sommer-Adonisröschen

Traubige Graslilie [1]

Pflanzliche Raritäten sind meist nicht grundlos selten. Oftmals handelt es sich um spezialisierte Pflanzen, die sich beispielsweise auf ein bestimmtes Klima, auf besondere Boden-, Temperatur- und Lichtverhältnisse eingestellt haben und diese Bedingungen zwingend benötigen. Noch schwieriger wird es, wenn inzwischen selten gewordene Pflanzen wie zum Beispiel Wildlilien und Orchideen sogar in Symbiose mit Pilzen oder anderen Pflanzen oder sogar mit Tieren wie Insekten leben. Solche Pflanzenarten lassen sich kaum verpflanzen oder umsiedeln, ohne dass die Symbionten Schaden nehmen. Gehen zudem ihre ursprünglichen Lebensräume verloren, so finden sich solche Pflanzen leider immer öfter auf der sogenannten „Roten Liste" der gefährdeten Arten. Umso wichtiger ist es, noch vorhandene Bestände dieser Arten zu erhalten und zu schützen.

Gärten bieten die Möglichkeit, den Erhalt seltener Pflanzenarten zu fördern und zu sichern. Inzwischen lassen sich viele seltene Pflanzenarten im Fachhandel beziehen, säen oder pflanzen und vermehren. Besonders sinnvoll ist es, wenn bei einer Pflanzung auf regionaltypische Pflanzen geachtet wird, um das zu jeder Pflanze zugehörige Artennetzwerk ebenfalls zu stärken. Eine Pflanze, die ursprünglich in den Alpen heimisch ist, wie beispielsweise der Enzian, kann durch eine Pflanzung an der Nordsee zwar als einzelnes Individuum möglicherweise überleben, wird dort aber nicht bestäubt und kann sich nicht vermehren. Zudem hilft ihre Existenz an der Nordsee kaum den Tierarten, die auf diese Pflanzenart spezialisiert sind, da auch diese vermutlich nur in den Alpen, nicht aber an der Nordsee vorkommen.

Wenn man eine seltene Pflanze fördern möchte, ist es ratsam, von Anfang an mehrere Setzlinge zu pflanzen, um eine stabile Basis für deren Vermehrung zu schaffen. Eine besonders effektive Methode dafür ist die Ansaat, bei der viele Pflanzen auf einmal gewonnen werden können. An verschiedenen Stellen im Garten verteilt, lassen sich so die am besten geeigneten Standorte finden und das Risiko eines vollständigen Ausfalls wird minimiert. Um den Bestand zusätzlich abzusichern, empfiehlt es sich, Saatgut zu sammeln, um diesen zu erweitern und zu erhalten.

[1] Gartenhummel *(Bombus hortorum)*
[2] Späte Großstirnschwebfliege *(Scaeva pyrastri)*

01 VIOLETTE KÖNIGSKERZE *(Verbascum phoeniceum)*
02 WIESENSALBEI *(Salvia pratensis)*
03 KORNRADE *(Agrostemma githago)*

Die violette Königskerze hat dichtgedrängt mit anderen Pflanzen einen schweren Stand. Zart wachsende Raritäten sollten besser isoliert gepflanzt werden, damit sie sich auf Dauer durchsetzen können.

Leberblümchen

Diptam

Schmalblättriger Eisenhut

Schachblume

PFLANZENLISTE RARITÄTEN

Blutroter Storchschnabel *(Geranium sanguineum)*
Bodensee-Vergissmeinnicht *(Myosotis rehsteineri)*
Bunte Schwertlilie *(Iris variegata)*
Schmalblättriger Eisenhut *(Aconitum angustifolium)*
Diptam *(Dictamus albus)*
Echte Schlüsselblume *(Primula veris)*
Echter Eibisch *(Althaea officinalis)*
Einjährige Fetthenne *(Sedum annuum)*
Färber-Scharte *(Serratula tinctoria)*
Fieberklee *(Menyanthes trifoliata)*
Finger-Zahnwurz *(Cardamine pentaphyllos)*
Flachblättriger Mannstreu *(Eryngium planum)*
Garten-Primel *(Primula pubescens)*
Gelber Enzian *(Gentiana lutea)*
Gelber Frauenschuh *(Cypripedium calceolus)*
Gewöhnliche Kuhschelle *(Pulsatilla vulgaris)*
Gewöhnlicher Andorn *(Marrubium vulgare)*
Gewöhnlicher Fransenenzian *(Gentianopsis ciliata)*
Großblütiger Fingerhut *(Digitalis grandiflora)*
Große Kuhschelle *(Pulsatilla grandis)*
Knollen-Platterbse *(Lathyrus tuberosus)*
Kochscher Enzian *(Gentiana acaulis)*
Leberblümchen *(Hepatica nobilis)*
Österreichische Schwarzwurzel *(Scorzonera austriaca)*
Prachtnelke *(Dianthus superbus)*
Raue Nelke *(Dianthus armeria)*
Rispige Graslilie *(Anthericum ramosum)*
Rosenwurz *(Rhodiola rosea)*
Roter Fingerhut *(Digitalis purpurea)*
Rötliche Fetthenne *(Sedum rubens)*
Runder Lauch *(Allium rotundum)*
Schachblume *(Fritillaria meleagris)*
Sommer-Adonisröschen *(Adonis aestivalis)*
Strahlen-Breitsame *(Orlaya grandiflora)*
Sumpf-Fetthenne *(Sedum villosum)*
Sumpf-Schwertlilie *(Iris pseudacorus)*
Traubige Graslilie *(Anthericum liliago)*
Türkenbund *(Lilium martagon)*
Violette Königskerze *(Verbascum phoeniceum)*

Seltene oder empfindliche Pflanzen lassen sich durch eine Pflanzung auf einer Erhöhung und in für sie geeignetem Substrat isolieren. Der Turm aus Ziegelbruch sowie eine teilweise Füllung mit Lesesteinen bieten mit zahlreichen Fugen und Ritzen Unterschlupf für verschiedene Tierarten. Eine eingelegte Folie mit Abfluss schützt vor Nässe und verhindert, dass das Pflanzsubstrat in die Zwischenräume der Mauer- und Füllsteine gelangt.

ELEMENT
03. 11 KRATZBÜRSTEN

Mariendistel

Gewöhnliche Eselsdistel [1]

Acker-Kratzdistel [2]

Drüsige Kugeldistel [1]

Disteln, Karden und Kletten sind die neuen Rosen – ebenfalls stachelig beziehungsweise anhaftend und in verschiedenen Größen erhältlich, aber im Vergleich zu Kulturrosen deutlich wertvoller für die Artenvielfalt. Das lässt sich an den vielen verschiedenen Insektenarten erkennen, die auf diese sehr attraktiven Korbblütler (Asteraceae) fliegen. Dabei werden zum Beispiel Bienen-, Fliegen- und Schmetterlingsarten von dem reichen Nektar- und Pollenangebot der oft großen oder zahlreichen Blüten angezogen. Auch bei Läusen stehen die jungen, saftigen Stängel von einigen Distelarten hoch im Kurs. Sie sind Leckerbissen für Marienkäfer, Schwebfliegen und Ohrwürmer, was natürlich sofort Spinnen und Vögel auf den Plan ruft, die hier dann entsprechend ein abwechslungsreiches Nahrungsangebot vorfinden. Auch im Winter sind die „Kratzbürsten" wertvoll: Insbesondere die ölhaltigen Samen von Disteln und Karden bilden eine energiereiche Nahrungsquelle für zahlreiche Vogelarten. Finkenarten fliegen darauf und vertilgen so ein Großteil der Samen, was die Anzahl der Distelsämlinge deutlich verringert.

Neben dem Nahrungsangebot bieten Disteln und Karden außerdem Unterschlupf, Nistgelegenheiten und Winterschutz, wofür sich die hohlen Stängel, großen Blätter und samenleeren Blütenstände der verblühten Pflanzen hervorragend eignen. Wie beim Deutschen Ziest und bei Königskerzen können zudem die wolligen Haare von Eselsdisteln und Kugeldisteln von Wollbienen-Weibchen gesammelt und für den Nestbau genutzt werden, um ihre Brut mit dem isolierenden Material vor Temperaturschwankungen und Feuchtigkeit zu schützen. Spannend ist auch, dass sich bei Karden zwischen zwei Blattpaaren Regenwasser sammeln kann (Bild Seite 107, rechts unten), was zahlreiche Insekten und Vögel als Trinkgelegenheit nutzen.

Es lohnt sich daher, Distel- und Kardengewächsen im Garten Raum zu geben. Am besten legt man hierfür kleine „Distelinseln" an oder lässt ab und zu einzelne Exemplare im Garten stehen. So können die teilweise riesigen Pflanzen als Solitäre bis ins Frühjahr stehen bleiben, ohne lästig zu werden. Der Vorteil dabei ist, dass ihre Stacheln im Winter mürbe werden und teilweise sogar abfallen. Dadurch können die Pflanzen im Frühjahr problemlos zurückgeschnitten werden.

[1] Westliche Honigbiene *(Apis mellifera)*
[2] Helle Tanzfliege *(Empis livida)*

GEWÖHNLICHE ESELSDISTEL *(Onopordum acanthium)*

Ein beeindruckendes, fast außerirdisch wirkendes Exemplar in stachelbewehrtem Plüsch von fast drei Metern Höhe – in ungedüngtem, gutem Gartenboden.

Flachblatt-Mannstreu [1]

Nickende Distel [2]

Wilde Karde [3], [4]

Behaarte Karde [5]

PFLANZENLISTE KRATZBÜRSTEN

DISTELN
Acker-Kratzdistel *(Cirsium arvense)*
Bach-Kratzdistel *(Cirsium rivulare)*
Drüsige Kugeldistel *(Echinops sphaerocephalus)*
Flachblatt-Mannstreu *(Eryngium planum)*
Gewöhnliche Eselsdistel *(Onopordum acanthium)*
Gewöhnliche Kratzdistel *(Cirsium vulgare)*
Golddistel *(Carlina vulgaris)*
Kletten-Ringdistel *(Carduus personata)*
Kohldistel *(Cirsium oleraceum)*
Mariendistel *(Silybum marianum)*
Nickende Distel *(Carduus nutans)*
Ruthenische Kugeldistel *(Echinops ritro)*
Silberdistel *(Carlina acaulis)*
Stranddistel *(Eryngium maritimum)*
Sumpf-Kratzdistel *(Cirsium palustre)*
Verschiedenblättrige Kratzdistel *(Cirsium heterophyllum)*
Weg-Distel *(Carduus acanthoides)*
Wilde Artischocke, Cardy *(Cynara cardunculus)*
Wollkopf-Kratzdistel *(Cirsium eriophorum)*

KARDEN
Behaarte Karde *(Dipsacus pilosus)*
Große Klette *(Arctium lappa)*
Schlitzblatt-Karde *(Dipsacus laciniatus)*
Weber-Karde *(Dipsacus sativus)*
Wilde Karde *(Dipsacus fullonum)*

KLETTEN
Filzige Klette *(Arctium tomentosum)*
Große Klette *(Arctium lappa)*
Hain-Klette *(Arctium nemorosum)*
Kleine Klette *(Arctium minus)*

[1] Raupenfliege *(Cylindromyia bicolor)*
[2] Gartenhummel *(Bombus hortorum)*
[3] Helle Erdhummel *(Bombus lucorum)*
[4] Gallische Feldwespe *(Polistes domin*
[5] Mistbiene *(Eristalis tenax)*
[6] Karstweißling *(Pieris mannii)*

VIELSEITIG NUTZBAR

Disteln und Karden sind sehr vielseitig für Tiere nutzbar. Die stachelbewehrten Rosetten **01** bieten kleinen Tieren Schutz vor Fressfeinden wie Vögeln. Die Blätter, der Nektar und der Pollen **02** der Blüten sowie die fettreichen Samen **03** dienen als Futter und sind für Insekten und Vögel interessant. Die meist kräftigen Pflanzen besitzen dicke, hohle Stängel **04** und trockene Samenstände **03** mit einer isolierenden Faserschicht, die zur Überwinterung und als Nistplatz von Insekten genutzt werden können. Zusätzlich zu Ziest-, Salbei- und Herzgespann-Arten verwenden Wollbienen auch die weichen Blatthaare **05** der Eselsdistel als Nistmaterial. Wichtig sind auch die Wasseransammlungen **06** in den Blattachseln der Wilden Karde. Diese können als Wasserreservoir für die Pflanze selbst oder als Tränke für Vögel und Insekten genutzt werden.

01 Distelrosetten als stacheliger Schutzraum

02 Nektar und Pollen für hungrige Insekten [6]

03 Samen liefern Vögeln energiereiches Futter.

04 Hohle Stängel bieten Schutz- und Nistraum.

05 Blatthaare liefern Wollbienen Nistmaterial.

06 Wasser in den Blattachseln der Wilden Karde

ELEMENT 03. 12 GEMÜSE

Haferwurzel [1]

Garten-Schwarzwurzel [1]

Feuerbohne [1]

Gewöhnlicher Knollenkümmel [2]

Ein Gemüsegarten ist die perfekte Ergänzung zum Blumengarten mit Wiese, denn dadurch wird ein Kreislaufsystem möglich, bei dem alles verwertet und Abfall vermieden wird. Das Rückschnittmaterial der Beete, Bäume, Wiesen sowie Küchenabfälle werden zu wertvollen Nährstofflieferanten, Kompost dient als Dünger und Mulchmaterial zur Abdeckung und Feuchthaltung der Gemüsebeete. Dies führt zu einer gesunden und lebendigen Humusschicht, die für kräftige Gemüsepflanzen sorgt und damit eine üppige Ernte in einem lebensfreundlichen Nutzgarten ermöglicht. Der Anbau von eigenem Gemüse hat viele Vorteile im Vergleich zum Kauf im Supermarkt. Zum einen ist selbst gezogenes Gemüse gesünder, wenn auf den Einsatz von Kunstdüngern und Pestiziden verzichtet wird. Zudem bietet der Prozess vom Samen oder Setzling bis zur erntereifen Lebensmittelpflanze wertvolle Erfahrungen im Umgang mit Pflanzen und schärft das Bewusstsein für natürliche Kreisläufe, die Wechselwirkungen zwischen der Tier- und Pflanzenwelt sowie unsere Umwelt, was das Verständnis für die Natur fördert. Weitere Vorteile der Selbstversorgung sind die Vermeidung von langen Transportwegen und von Verpackungsmüll. Alle, die einen Garten haben oder auch nur in ein paar Töpfen und Wannen gärtnern, können durch mehr Eigenanbau und Selbstversorgung dazu beitragen, mehr Verantwortung für die eigene Ernährung zu übernehmen. Durch eine reduzierte Abhängigkeit von industrieller Lebensmittelproduktion und Monokultur wird der Anteil naturnah bewirtschafteter Flächen erhöht, was einen positiven Beitrag zum Umweltschutz und zum Erhalt der Artenvielfalt leistet.

Der Anbau von eigenem Gemüse bietet ein spannendes Experimentierfeld für neue Erfahrungen – wenn man im wörtlichen Sinne auf den Geschmack der Vielfalt kommt. Besonders interessant sind hierbei historische Gemüsesorten. Bei einigen dieser Sorten erfordert es Zeit und Experimentierfreude, bis die richtige Anwendung und Zubereitungsweise gefunden wird. Doch sie eröffnen überraschende kulinarische Genüsse. Auch die Gartenarbeit ist durch eine eigene Aussaat, Aufzucht von Setzlingen, Saatgutgewinnung, Gartenplanung und Kreislaufwirtschaft abwechslungsreich und fördert das Wohlbefinden und die körperliche Fitness.

[1] Westliche Honigbiene *(Apis mellifera)*
[2] Glattschieniger Pinselkäfer *(Trichius gallicus)*

ARTISCHOCKE UND CARDY *(Cynara cardunculus)*
GARTENHUMMEL *(Bombus hortorum)*

Artischocken werden wegen ihrer großen Blütenknospen für eingelegte Artischockenherzen und Cardy für Stielgemüse angebaut. Beide Zuchtformen bilden sehr große, dekorative Blüten aus, die bei Insekten als XXL-Pollen- und Nektarspender sehr beliebt sind.

Große Klette [1]

Gewöhnliche Nachtkerze

Amaranth

Kartoffel [2]

PFLANZENLISTE GEMÜSE

Amaranth *(Amaranthus* sp.*)*
Artischocke *(Cynara cardunculus)*
Aubergine *(Solanum melongena)*
Bohnen *(Phaseolus vulgaris)*, diverse Sorten
Brokkoli *(Brassica oleracea* var. *italica)*
Cardy *(Cynara cardunculus)*
Endivie *(Cichorium endivia)*
Erbsen *(Pisum sativum)*
Fenchel *(Foeniculum vulgare)*
Gartensalat *(Lactuca sativa)*
Gewöhnliche Nachtkerze *(Oenothera biennis)*
Gewöhnlicher Feldsalat *(Valerianella locusta)*
Große Brennnessel *(Urtica dioica)*
Große Klette *(Arctium lappa)*
Grünkohl *(Brassica oleracea* var. *sabellica)*
Gurke *(Cucumis sativus)*
Haferwurzel *(Tragopogon porrifolius)*
Karotte *(Daucus carota)*
Kartoffel *(Solanum tuberosum)*
Kerbelrübe *(Chaerophyllum bulbosum)*
Kohlarten *(Brassica* sp.*)*, diverse Arten
Kohlrabi *(Brassica oleracea* var. *gongylodes)*
Küchenzwiebel *(Allium cepa)*
Kürbisarten *(Cucurbita* sp.*)*, diverse Arten und Sorten
Lauch *(Allium ampeloprasum)*
Mais *(Zea mays)*, diverse Sorten
Mangold *(Beta vulgaris* subsp. *vulgaris* var. *cicla)*
Möhren *(Daucus carota)*
Paprika *(Capsicum annuum)*
Pastinake *(Pastinaca sativa)*
Rote Bete *(Beta vulgaris* subsp. *vulgaris)*
Schwarzwurzel *(Scorzonera hispanica)*
Sellerie *(Apium graveolens)*
Speisezwiebel *(Allium cepa)*, diverse Sorten
Spinat *(Spinacia oleracea)*
Steckrübe *(Brassica napobrassica)*
Süßkartoffel *(Ipomoea batatas)*
Tomate *(Solanum lycopersicum)*
Topinambur *(Helianthus tuberosus)*

[1] Zitronenfalter *(Gonepteryx rhamni)*
[2] Hainschwebfliege *(Episyrphus balteatus)*

LEBENDIGE ERDE

Der Boden ist ein lebendiges Ökosystem, das unzählige Bodenlebewesen wie Bakterien, Pilze und Würmer enthält. Sie zersetzen abgestorbene Pflanzen- und Tierreste im Boden und machen diese als Nährstoffe für weitere neue Pflanzen und Tiere verfügbar. Der Boden wird dabei durch zahlreiche Röhren und Gänge belüftet und durchmischt, was die Bodenstruktur verbessert. Beete müssen nicht regelmäßig umgegraben und gehackt, und Pflanzen gegossen werden, da dies das eingespielte System des Bodenlebens stört. Das Bodenleben kann auf einfache Weise durch eine Mulchschicht **01** geschützt, gefüttert und im Wurzelbereich von Gemüse- und Blühpflanzen aktiviert werden. Eine 10–20 cm dicke Schicht aus Grasschnitt, Heu, Stroh oder Blättern hält die Erde feucht **02** und lockt eine Vielzahl an Bodenlebewesen an. Zersetzer können so durchgehend für fruchtbare Erde und Humusaufbau sorgen, da Feuchtigkeit und Nährstoffe zur Verfügung stehen. So wird das Bodenleben bei Trockenheit nicht gezwungen, in tiefere Erdschichten zu flüchten, um Ruhephasen einzulegen. Von dieser durchgängigen Produktivität profitieren Gemüsepflanzen und Blumen: Nährstoffe werden im Wurzelbereich der Gemüsepflanzen kontinuierlich gebildet, der Boden wird belüftet, Feuchtigkeit wird im Boden zurückgehalten und anstrengende Gartenarbeiten wie Hacken und Gießen entfallen oder werden deutlich reduziert.

ELEMENT 03. 13 KRÄUTER UND GEWÜRZE

Fenchel

Dill [1], [2]

Winter-Heckenzwiebel [3]

Knoblauch-Schnittlauch [4]

Gewürze und Kräuter haben vielfältige Verwendungszwecke, beispielsweise in medizinischen Anwendungen, zur Aromatisierung und Würze von Speisen und Getränken, zur Konservierung von Lebensmitteln oder für Dekorationszwecke. Viele dieser Pflanzen stammen aus anderen Regionen der Welt und wurden entweder auf natürliche Weise oder durch Handel in Mitteleuropa eingeführt. Die aromatisch duftenden Gewürzpflanzen sind daher zwar nicht immer einheimisch, aber oft sehr attraktive Nektar- und Pollenspender für Insekten.

Doldenblütler wie Fenchel, Dill, Kreuzkümmel, Echter Kümmel und Liebstöckel, aber auch die vielfältigen Zwiebel- und Lauchgewächse sind regelrechte Insektenmagneten. Es lohnt sich daher, bei der letzten Ernte vergessene oder übrig gebliebene Lauch- oder Zwiebelpflanzen einfach im Beet stehen zu lassen. Die schlanken, blühenden Pflanzen stören kaum, da sie wenig Platz im Beet benötigen. Diese bilden sehr dekorative Kugeln mit unzähligen Einzelblüten, die von Bienen, Wespen und Fliegen in zahlreichen Variationen eifrig besucht werden.

Ebenfalls insektenfreundlich sind mehrjährige Stauden und Lippenblütler wie Rosmarin, Gartensalbei, Thymian, Lavendel, Bergbohnenkraut, Oregano, Majoran und Echter Ysop. Diese Arten bevorzugen warme, sonnige Lagen, vorzugsweise an nach Süden ausgerichteten Wänden oder Steinmauern. Auf trockenen, mageren Böden wachsen diese Kräuter langsamer und kompakter als in nährstoffreichen Gartenböden. Dabei entwickeln sich besonders intensive Inhaltsstoffe, was ihre Qualität als Gewürz-, Tee- oder Duftkräuter verbessert.

Der Anbau heimischer Kräuter- und Teepflanzen im eigenen Garten oder auf dem Balkon ist sehr zu empfehlen. Denn viele Kräuterpflanzen sind heute nur noch an den Rändern von Äckern und Straßen zu finden, die stark mit Feinstaub, Pestiziden und Kunstdünger belastet sind und daher besser nicht gesammelt werden sollten. Auf Wildsammlungen sollte verzichtet werden, um die verbleibenden Pflanzenbestände zu schützen, denn selbst Sorten wie Schafgarbe, Echte Kamille, Echtes Johanniskraut und Wiesen-Salbei, die noch vor wenigen Jahren als „häufig" galten, werden immer seltener. Der Anbau im Garten ist außerdem praktisch, da man dadurch stets frische Kräuter für die Küche direkt vor der Haustür zur Verfügung hat.

[1] Rotgefleckte Raupenfliege *(Eriothrix rufomaculatus)*
[2] Gemeine Wespe *(Vespula vulgaris)*
[3] Steinhummel *(Bombus lapidarius)*
[4] Frühe Doldensandbiene *(Andrena proxima)*

LAUCH *(Allium ampeloprasum)*
01 TÖPFERWESPE *(Eumenes pedunculatus)*
02 STAHLBLAUER GRILLENJÄGER *(Isodontia mexicana)*
03 GEMEINE WESPE *(Vespula vulgaris)*
04 WESTLICHE HONIGBIENE *(Apis mellifera)*

Zwiebel- und Lauchgewächse sind für sehr viele verschiedene Insektenarten attraktiv.

Thymian [1]

Rosmarin [2]

Lavendel [3]

Rundblättrige Minze [4]

PFLANZENLISTE KRÄUTER UND GEWÜRZE

Acker-Schwarzkümmel *(Nigella arvensis)*
Anis-Duftnessel *(Agastache foeniculum)*
Bärlauch *(Allium ursinum)*
Bärwurz *(Meum athamanticum)*
Basilikum *(Ocimum basilicum)*
Beifuß *(Artemisia vulgaris)*
Dill *(Anethum graveolens)*
Echte Kamille *(Matricaria chamomilla)*
Echter Kerbel *(Anthriscus cerefolium)*
Echter Koriander *(Coriandrum sativum)*
Echter Kümmel *(Carum carvi)*
Echter Lavendel *(Lavandula angustifolia)*
Echter Thymian *(Thymus vulgaris)*
Echter Wermut *(Artemisia absinthium)*
Echter Ysop *(Hyssopus officinalis)*
Estragon *(Artemisia dracunculus)*
Gartenkresse *(Lepidium sativum)*
Gewöhnliche Felsen-Fetthenne *(Sedum rupestre)*
Gewöhnlicher Meerrettich *(Armoracia rusticana)*
Gewöhnlicher Thymian *(Thymus pulegioides)*
Gold-Lauch *(Allium moly)*
Knoblauch-Schnittlauch *(Allium tuberosum)*
Liebstöckel *(Levisticum officinale)*
Majoran *(Origanum majorana)*
Meisterwurz *(Peucedanum ostruthium)*
Oregano, Echter Dost *(Origanum vulgare)*
Petersilie *(Petroselinum crispum)*
Ringelblume *(Calendula officinalis)*
Römische Kamille *(Chamaelum nobile)*
Rosmarin *(Rosmarinus officinalis)*
Rundblättrige Minze *(Mentha suaveolens)*
Scharfer Mauerpfeffer *(Sedum acre)*
Schmalblättriger Doppelsame *(Diplotaxis tenuifolia)*
Schnittlauch *(Allium schoenoprasum)*
Sommer-Bohnenkraut *(Satureja hortensis)*
Tripmadam *(Sedum reflexum)*
Winter-Bohnenkraut *(Satureja montana)*
Winterzwiebel *(Allium fistulosum)*
Zitronenmelisse *(Melissa officinalis)*

[1] Kleiner Fuchs *(Aglais urticae)*
[2] Westliche Honigbiene *(Apis mellifera)*
[3] Gewöhnliche Breitstirnblasenkopffliege *(Sicus ferrugineus)*
[4] Prächtiger Blattkäfer *(Chrysolina fastuosa)*

HEIZUNG FÜR WÄRMEBEDÜRFTIGE

Beliebte Gewürzpflanzen aus wärmeren Herkunftsländern, aber auch einheimische Eidechsen, Käfer und Wildbienen bevorzugen höhere Temperaturen. Hauswände, Mauern und Terrassierungen mit Steinen können die Wärme des Tages speichern und sie zeitverzögert in kühlen Nächten oder an kalten Tagen wieder abgeben. Dieser Effekt sorgt an solchen Lagen auch im Winter für höhere Temperaturen, kann aber bei Kahlfrösten auch zu starken Temperaturschwankungen führen. Empfindliche Pflanzen sollten daher besser an südwestlich ausgerichteten Steinwänden gepflanzt werden, wo ein ausgeglicheneres, aber dennoch wärmeres Klima herrscht. Geschwungen angelegte Steinwände tragen außerdem dazu bei, unterschiedliche Klimazonen für verschiedene Wärmeansprüche zu schaffen.

ELEMENT 03. 14 GARTENVAGABUNDEN

Ringelblume

Jungfer im Grünen [1]

Mutterkraut

Vergissmeinnicht [2]

Untersuchungen im Bereich der Bodenforschung haben gezeigt, dass es eine Abhängigkeit zwischen der Artenvielfalt des Bodenlebens und der Diversität von Pflanzen gibt. Eine höhere Vielfalt von Beikräutern im Garten und auf Äckern kann dazu beitragen, die Diversität von Endophyten im Boden zu erhöhen. Endophyten sind Mikroorganismen wie beispielsweise Bakterien oder Pilze, die in Pflanzen oder anderen Organismen leben, ohne diesen zu schaden. Oftmals können Endophyten den Wirtspflanzen sogar Vorteile bieten, beispielsweise eine gesteigerte Resistenz gegenüber Schädlingen oder Krankheiten. So kann eine erhöhte Artenvielfalt von Beikräutern im Garten nicht nur zu einem gesunden Wachstum der Pflanzen beitragen, sondern auch zur Schaffung eines ausgewogenen Ökosystems im Boden.
Ein weiterer Vorteil der Beikräuter und zusätzlicher Pflanzen besteht darin, dass sie Insekten anlocken, was wiederum Insektenfresser wie Vögel, Fledermäuse, Amphibien und Spitzmäuse anzieht. Dadurch entsteht ein Gleichgewicht zwischen den Arten, welches verhindert, dass eine von ihnen überhandnimmt und größere Schäden anrichten kann. Von möglichst vielen unterschiedlichen Bestäuberarten profitieren auch exotische Obst- und Gemüsearten wie Tomaten, Paprika, Auberginen, Melonen und Kürbisse. Diese finden hier zwar nicht ihre ursprünglichen, speziellen Bestäuberinsekten vor, können aber „nebenbei" von Generalisten unter den Insekten mitbestäubt werden, wenn diese von Blühpflanzen im Garten angelockt werden, was zu besseren Ernteergebnissen in unseren Gärten führt.
Ein etwas milderer Blick auf vermeintliche „Unkräuter" lohnt sich daher, denn ehemalige Ackerkräuter wie die Echte Kamille, der Feld-Rittersporn, das Acker-Gauchheil, der Gewöhnliche Erdrauch, der Saat-Mohn und das Acker-Stiefmütterchen sind inzwischen selten geworden. Manchmal entwickeln sie sich in der Winterperiode mitten im Beet, wo sie meist stören. Bis auf Pfahlwurzler wie Malven- und Distelarten lassen sich die meisten von ihnen aber problemlos an den Beetrand umpflanzen oder können dort, wo sie nicht stören, stehen bleiben. Auch die Selbstaussaat ist bei den meisten Arten kein Problem, sofern man die Samenstände rechtzeitig zurückschneidet oder wenn Vögel diese neue Futterquelle für sich entdecken.

[1] Westliche Honigbiene *(Apis mellifera)*
[2] Grünader-Weißling, Rapsweißling *(Pieris napi)*

ECHTE KAMILLE *(Matricaria chamomilla)*
ZOTTIGER BIENENKÄFER *(Trichodes alvearius)*

Wer handelsüblichen Kamillentee nicht mag, sollte unbedingt Tee aus ungetrockneten, aufgebrühten Blüten probieren oder den puren, unverfälschten Duft der blühenden Pflanze kennenlernen.

Stinkender Storchschnabel

Borretsch

Patagonisches Eisenkraut [1]

Wilde Malve (Zuchtform)

PFLANZENLISTE GARTENVAGABUNDEN

Acker-Gauchheil *(Anagallis arvensis)*
Acker-Ochsenzunge *(Lycopsis arvensis)*
Acker-Stiefmütterchen *(Viola arvensis)*
Behaartes Knopfkraut *(Galinsoga quadriradiata)*
Borretsch *(Borago officinalis)*
Echte Kamille *(Matricaria chamomilla)*
Echter Kümmel *(Carum carvi)*
Färberkamille *(Cota tinctoria)*
Färberwaid *(Isatis tinctoria)*
Floh-Knöterich *(Polygonum persicaria)*
Geruchlose Kamille *(Tripleurospermum inodorum)*
Gewöhnliche Vogelmiere *(Stellaria media)*
Gewöhnliche Wegwarte *(Cichorium intybus)*
Gewöhnlicher Erdrauch *(Fumaria officinalis)*
Gewöhnlicher Feldrittersporn *(Consolida regalis)*
Haferwurzel *(Tragopogon porrifolius)*
Heide-Nelke *(Dianthus deltoides)*
Jungfer im Grünen *(Nigella damascena)*
Klatschmohn *(Papaver rhoeas)*
Kleine Braunelle *(Prunella vulgaris)*
Kornblume *(Centaurea cyanus)*
Kornrade *(Agrostemma githago)*
Kreuzblättrige Wolfsmilch *(Euphorbia lathyris)*
Mariendistel *(Silybum marianum)*
Moschusmalve *(Malva moschata)*
Mutterkraut *(Tanacetum parthenium)*
Patagonisches Eisenkraut *(Verbena bonariensis)*
Persischer Ehrenpreis *(Veronica persica)*
Rainfarn-Phazelie *(Phacelia tanacetifolia)*
Rapunzel-Glockenblume *(Campanula rapunculus)*
Ringelblume *(Calendula officinalis)*
Rosen-Malve *(Malva alcea)*
Saat-Mohn *(Papaver dubium)*
Schlafmohn *(Papaver somniferum)*
Schmalblättriger Doppelsame *(Diplotaxis tenuifolia)*
Stinkender Storchschnabel *(Geranium robertianum)*
Strahlenlose Kamille *(Matricaria discoidea)*
Wald-Vergissmeinnicht *(Myosotis sylvatica)*
Wilde Malve *(Malva sylvestris)*

[1] Taubenschwänzchen *(Macroglossum stellatarum)*

SCHÖN UND NÜTZLICH

Beikräuter bereichern nicht nur das Bodenleben und locken bestäubende Insekten in den Garten, sondern sind oft auch essbare Kräuter und Blumen. Sie lassen sich vielfältig verwenden: als Salat, für Smoothies, als Gewürze, Duftpflanzen und als Tee.

ELEMENT 03. 15 KULTUR- UND WILDOBST

Apfel

Birne

Erdbeere

Johannisbeere

Es gibt geschätzte 7.500 verschiedene Apfel- und 3.000 Birnensorten weltweit, die einen vielfältigen und wertvollen Genpool darstellen. Die meisten Haussorten sind der Züchtung, Auslese und Zufallsfunden von Gärtnern, Bauern und Hobbyzüchtern zu verdanken. Diese über Jahrhunderte entwickelten Sorten haben sich bewährt, da sie sich besonders gut als Tafel- oder Wirtschaftsobst eignen und Widerstandsfähigkeit gegen Krankheiten, klimatische Veränderungen, Boden- und Feuchtigkeitsverhältnisse zeigen. Züchtungen spiegeln auch immer die persönlichen Vorlieben oder Entdeckungen des jeweiligen Züchters wider – eine weitere Bereicherung durch zahlreiche Formen, Farben und Geschmacksrichtungen von Früchten. Es lohnt sich daher, alte Obst- und Beerensorten zu pflanzen und zu erhalten, selbst wenn die Nutzung einiger Sorten in manchen Fällen nicht sofort ersichtlich ist. Denn es gibt Obstsorten, deren volles Aroma sich erst bei der Lagerung entwickelt, die sich besonders gut für die Herstellung von Most, Schnaps oder Essig eignen oder solche, die sich hervorragend zum Dörren und Kochen eignen oder sich anderweitig verarbeiten lassen. Auch ein langer Erntezeitraum ist gerade in Privatgärten ein Vorteil, um möglichst lange täglich frisches Obst ernten zu können.

Auch die Pflanzung von vielen verschiedenen Obst- und Beerensorten kann sich als Vorteil erweisen, da sich dadurch das Risiko eines kompletten Ernteausfalls aufgrund von ungünstiger Witterung, Krankheiten oder Schädlingen reduzieren lässt. Diese Vielfalt unterstützt auch Insekten, denn Obstbäume und Beerensträucher blühen üppig und zeitlich versetzt, beginnend mit Renekloden im frühen Frühjahr über Kirschen, Pflaumen, Schlehen, Felsenbirnen bis hin zu Äpfeln, Birnen, Erdbeeren und Himbeeren gegen den Herbst hin. Dadurch entsteht ein reichhaltiges und langanhaltendes Angebot an Pollen, Nektar und zuckerhaltigen Früchten, von dem sowohl Insekten als auch überwinternde Vögel profitieren. Die Bestäubung der Obstblüten durch Insekten führt außerdem zu einer besseren Fruchtentwicklung und Fruchtqualität – völlig kostenlos und ohne zusätzlichen Aufwand. Somit unterstützen sich Mensch und Natur gegenseitig: eine Win-Win-Situation.

HIMBEERE *(Rubus idaeus)*

Blätter und Früchte von Kultur- und Wildobst werden beispielsweise von Schmetterlingen als Raupenfutter genutzt. Dies ist in einem Naturgarten meist unproblematisch, da sich hier genügend Gegenspieler befinden, die größere Schäden verhindern.

Eingriffeliger Weißdorn

Kornelkirsche

Schlehe

Holunder

PFLANZENLISTE KULTUR- UND WILDOBST

Apfel *(Malus domestica)*
Aprikose *(Prunus armeniaca)*
Birne *(Pyrus communis)*
Brombeere *(Rubus fruticosus)*
Kultur-Erdbeere *(Fragaria x ananassa)*
Gewöhnliche Felsenbirne *(Amelanchier ovalis)*
Heidelbeere *(Vaccinium myrtillus)*
Himbeere *(Rubus idaeus)*
Kirschpflaume *(Prunus cerasifera)*
Kornelkirsche *(Cornus mas)*
Mirabelle *(Prunus domestica* subsp. *syriaca)*
Mispel *(Mespilus germanica)*
Pfirsich *(Prunus persica)*
Pflaume *(Prunus domestica)*
Preiselbeere *(Vaccinium vitis-idaea)*
Quitte *(Cydonia oblonga)*
Reneklode *(Prunus domestica* subsp. *insititia)*
Rote Johannisbeere *(Ribes rubrum)*
Sanddorn *(Hippophae rhamnoides)*
Sauerkirsche *(Prunus cerasus)*
Schlehdorn *(Prunus spinosa)*
Schwarze Johannisbeere *(Ribes nigrum)*
Schwarze Maulbeere *(Morus nigra)*
Schwarzer Holunder *(Sambucus nigra)*
Stachelbeere *(Ribes uva-crispa)*
Süßkirsche *(Prunus avium)*
Wald-Erdbeere *(Fragaria vesca)*
Weintraube *(Vitis vinifera)*
Weiße Maulbeere *(Morus alba)*
Wildapfel *(Malus sylvestris)*
Wildbirne *(Pyrus pyraster)*

LEBENSRAUM UNTER KULTUR- UND WILDOBST

Auch Baumscheiben unter Gartenbäumen **01** und Sträuchern **02** können für die Artenvielfalt genutzt werden. Sie können mit niedrig wachsenden, blühenden Bodendeckern **03** wie Pfennigkraut, Mastkraut, Habichtskraut, Kriechendem Günsel oder Genfer Günsel, Stein- und Grasnelken sowie Fingerkräutern unterpflanzt werden. Diese bedecken den Boden zuverlässig und erfordern weder Hacken noch Mähen. Sie bilden ein weiches Polster für herabfallende Früchte, können zur Ernte betreten werden und stören nicht beim Sammeln von Früchten.

Für niedrig wachsende Sträucher **04** mit überhängenden Ästen wie Stachel- und Johannisbeeren sowie für flachwurzelnde Pflanzen wie Himbeeren eignet sich beispielsweise Scharbockskraut in einer groben, dicken Mulchschicht **05** aus Rückschnittmaterial. Dieser Frühblüher bedeckt im Frühjahr den Boden und sorgt dafür, dass die Feuchtigkeit im Boden bleibt. Im Frühsommer verliert er sämtliche Blätter und gibt so den Platz frei, sobald die Beerensträucher austreiben.

EXPANSION NACH OBEN – DER TRICK ZUR STEIGERUNG DER ARTENVIELFALT

Erhöhungen und Senken bringen im Vergleich zu einer flachen Landschaft einen Mehrwert für die Artenvielfalt, da mehr Fläche und somit mehr Lebensraum mit unterschiedlichen Klimazonen für die Tier- und Pflanzenvielfalt zur Verfügung stehen. Allerdings sind auch da Grenzen gesetzt, sobald jede verfügbare Bodenfläche dicht mit Gräsern und Kräutern bewachsen ist. Büsche und Bäume haben hier eine clevere Lösung gefunden: Sie expandieren in luftige Höhen und schaffen nebenbei auf verhältnismäßig kleiner Standfläche einen riesigen, neuen Lebensraum.
Der Grund, warum Bäume und Sträucher auf diese Weise so effizient sind, liegt darin, dass sie dank kräftiger Wurzeln auch in tiefere Erdschichten vordringen können, um dort Nährstoffe und Wasser für ihr Wachstum zu nutzen. Diese Fähigkeit ermöglicht es ihnen, große Mengen an Biomasse aufzubauen, wobei durch die zahlreichen Verästelungen eine riesige Oberfläche entsteht. Das wird besonders deutlich, wenn man die Oberfläche eines Baumes mit der Mantelfläche eines Zylinders vergleicht: Ein Stamm mit einem Durchmesser von 0,5 Meter und einer Höhe von 4 Metern hat eine Oberfläche von 6,3 Quadratmetern, während seine Standfläche nur 0,2 Quadratmeter beansprucht. Das bedeutet, dass allein durch den Stamm die als Lebensraum nutzbare Oberfläche mindestens um das 32-Fache erhöht wird. Dabei sind die vielen großen bis ganz feinen Verästelungen bis zu den Blättern sowie die zerklüftete Rindenstruktur zur Vergrößerung der Oberfläche noch nicht einmal berücksichtigt. Auf diese Weise sind Bäume und Sträucher gewaltige Multiplikatoren für die Biodiversität.

KAPITEL

04 GEHÖLZ

Masse ist Klasse: Gehölze bieten durch ihre Expansion nach oben eine üppige „Rendite" an organischen Materialien, Nahrung und Lebensraum für zahlreiche Arten.

ELEMENT 04. 01 BÄUME

Bäume: Nahrung wie Blüten [1],

Blätter, Nadeln, Stacheln,

Früchte [2],

und Holz für viele Arten [3].

Bäume spielen dank ihrer Fähigkeit, Kohlendioxid (CO_2) in großen Mengen zu absorbieren und Sauerstoff zu produzieren eine wichtige Rolle für das weltweite Klima, aber auch im lokalen Maßstab. In Gärten und Anlagen bewirken Baumgruppen und Einzelbäume durch Beschattung ein vielfältiges Mikroklima, indem sie Licht, Wärme und den Wasserhaushalt beeinflussen und unterschiedlich verteilen. Davon profitieren zahlreiche Arten, die hier sehr unterschiedliche Bedingungen vorfinden: von sonnig und trocken auf der Südseite eines Baumes bis hin zu dunkel, feucht und kühl auf dessen Nordseite.

Bäume wirken außerdem wie Pumpen: Mit kräftigen Wurzeln holen sie Wasser und Mineralien aus der Tiefe, wandeln diese in organisches Material um und bereichern die Humusschicht durch das Laub, welches sie im Herbst verlieren. Neben Nährstoffen entstehen so durch den lebenden Baum und später durch dessen totes Holz auch unterschiedliche Strukturen, die sehr vielschichtig für die Artenvielfalt genutzt werden können.

Ältere Bäume sind besonders wertvoll. Im Laufe der Jahre entwickeln sie Verletzungen wie Risse, Brüche, grobe Rindenstrukturen und abgestorbenes Holz aufgrund des Alterungsprozesses. Dies erhöht den Anteil von Totholz am Baum, was ihn für viele Lebewesen attraktiv macht. Pilze, Flechten, Algen, Moose, Mikroorganismen und zahlreiche Insektenarten können sich etablieren. Größere Tierarten wie Spechte, Waldkäuze, Singvögel und der Siebenschläfer finden hier Unterschlupf, Nistgelegenheiten und Nahrung. Da Bäume auf diese Weise im Laufe der Zeit immer „lebendiger“ werden, sollten sie, wo immer möglich, lange erhalten bleiben.

Den mittlerweile in Deutschland geschützten Streuobstanlagen kommt eine besondere Bedeutung zu. In diesen traditionellen Obstgärten findet man eine breite Vielfalt an unterschiedlichen Obstbaumarten und -sorten, oft auch historische Sorten. Zwischen den Bäumen gibt es Platz für Wiesen, wodurch ein Lebensraum auf zwei Ebenen entsteht, der von vielen verschiedenen Arten genutzt werden kann. Ein weiterer Vorzug ist, dass Streuobstanlagen helfen, die genetische Vielfalt bei Früchten, Nüssen und Steinobst zu bewahren.

[1] Wiesenhummel *(Bombus pratorum)*
[2] Moschusbock *(Aromia moschata)*
[3] Fraßbild Borkenkäfer *(Scolytinae)*

STREUOBSTWIESE

In Streuobstwiesen kann die gesamte Fläche unter den Hochstammbäumen genutzt werden. Das ist nicht nur wirtschaftlich interessant, sondern bietet auch vielschichtige und wertvolle Lebensräume für eine Vielzahl von Tier- und Pflanzenarten.

HORNISSE *(Vespa crabro)*

Alte, hohle Stämme in Gärten oder auf Streuobstwiesen werden gerne von Hornissen als Nistplatz angenommen. Hornissen sind sehr nützlich, da sie zur Regulierung von Insektenpopulationen beitragen.

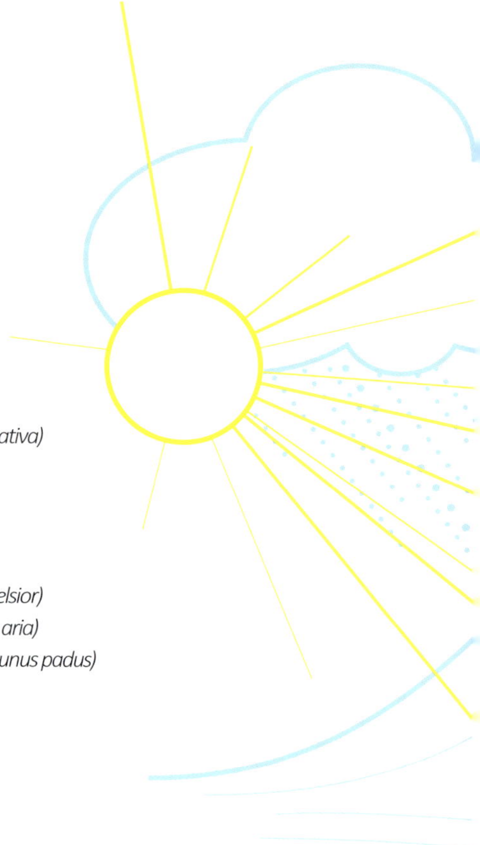

PFLANZENLISTE BÄUME

Bergahorn *(Acer pseudoplatanus)*
Bergulme *(Ulmus glabra)*
Esche *(Fraxinus excelsior)*
Esskastanie, Marone *(Castanea sativa)*
Feldahorn *(Acer campestre)*
Feldulme *(Ulmus carpinifolia)*
Fichte *(Picea abies)*
Flatterulme *(Ulmus laevis)*
Gewöhnliche Esche *(Fraxinus excelsior)*
Gewöhnliche Mehlbeere *(Sorbus aria)*
Gewöhnliche Traubenkirsche *(Prunus padus)*
Grauerle *(Alnus incana)*
Grauweide *(Salix cinerea)*
Grünerle *(Alnus viridis)*
Hainbuche *(Carpinus betulus)*
Hängebirke *(Betula pendula)*
Kiefer *(Pinus sylvestris)*
Korbweide *(Salix viminalis)*
Lärche *(Larix decidua)*
Moorbirke *(Betula pubescens)*
Purpurweide *(Salix purpurea)*
Rotbuche *(Fagus sylvatica)*
Salweide *(Salix caprea)*
Schwarzerle *(Alnus glutinosa)*
Schwarzkiefer *(Pinus nigra)*
Silberweide *(Salix alba)*
Sommerlinde *(Tilia platyphillos)*
Spitzahorn *(Acer platanoides)*
Stieleiche *(Quercus robur)*
Tanne *(Abies* sp.*)*
Traubeneiche *(Quercus petraea)*
Vogelbeerbaum *(Sorbus aucuparia)*
Vogelkirsche *(Prunus avium)*
Waldföhre *(Pinus sylvestris)*
Waldkiefer *(Pinus sylvestris)*
Walnuss *(Juglans regia)*
Winterlinde *(Tilia cordata)*
Zitterpappel *(Populus tremula)*

TAUSENDSASSA BAUM

Bäume spielen eine zentrale Rolle in den Ökosystemen und stabilisieren das Klima. Sie produzieren außerdem den für uns lebensnotwendigen Sauerstoff, filtern Schadstoffe wie Stickstoffoxide, Schwefeldioxid und Ozon aus der Luft, schützen den Boden vor Erosion und liefern nachwachsende Rohstoffe sowie Energie.

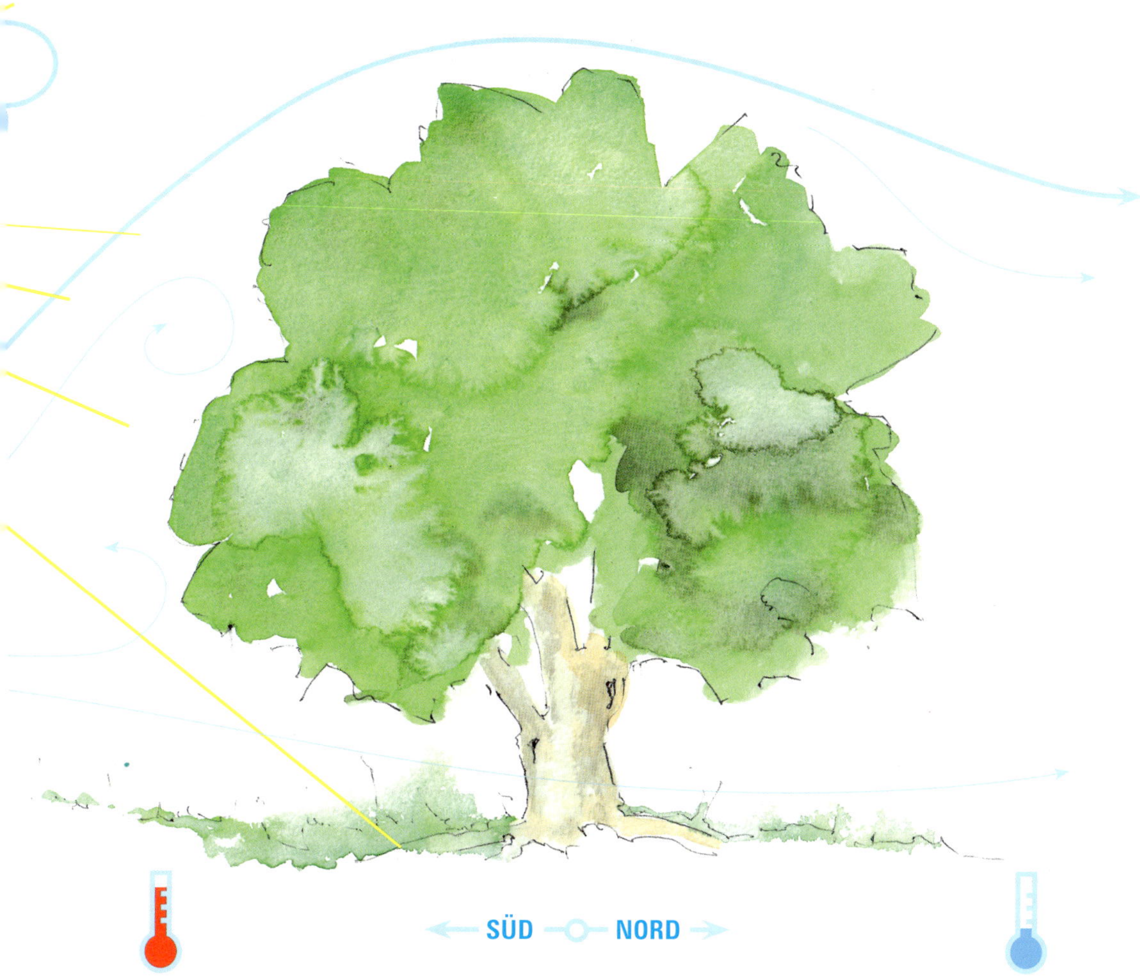

KLIMAELEMENT UND BIOTOP

Bäume bieten aufgrund ihrer Größe und Masse auf vergleichsweise kleiner Standfläche einen riesigen Lebensraum für zahlreiche Pflanzen und Tiere. Das Laubdach mildert Wind und Wetter ab und durch Beschattung sowie Verdunstung entstehen verschiedene Mikroklimazonen, die den unterschiedlichen Bedürfnissen von Pflanzen- und Tierarten gerecht werden. Bereiche um und unter Bäumen ermöglichen zudem eine vielfältige Bepflanzung abhängig von Licht, Wärme und Feuchtigkeit. So können auf der Sonnenseite eines Baumes trockenheitstolerante und wärmebedürftige Kräuter und Gräser gedeihen, während im schattigen Bereich der Baumkrone feuchtigkeitsliebende Pilze, Moose, Farne und Flechten wachsen.

ELEMENT 04. 02 STRÄUCHER UND HECKEN

Gelber Blasenstrauch

Gewöhnlicher Spindelstrauch

Kornelkirsche

Holunder

Im Zusammenhang mit dem Klimawandel und den damit einhergehenden extremen Wetterereignissen wie Hitzewellen, Starkregen, Dürren und Stürmen gewinnen Sträucher und Heckenstrukturen aufgrund ihrer schattenspendenden, wasserregulierenden und windbremsenden Eigenschaften zunehmend wieder an Bedeutung. Als einzelne Sträucher oder Hecken entlang von Äckern, Wiesen, Parks und Gärten bieten sie Schutz vor Austrocknung durch Wind und Erosion des Bodens, verankern Hänge und wirken durch Beschattung ausgleichend auf Temperatur und Feuchtigkeit. Dabei entsteht ein vielfältiges Mikroklima, das die Biodiversität fördert.

Ein gutes Beispiel für den vielfältigen Nutzen von Hecken sind die sogenannten „Knick-Hecken". Diese traditionellen Anlagen wurden ursprünglich dazu verwendet, Grundstücke wie Äcker, Wiesen und Weiden zu begrenzen. Durch stachelbewehrte Sträucher oder das Einknicken und Einflechten langer Äste entstanden lange, dichte Heckenstrukturen, die Weidetiere innerhalb und Wildtiere außerhalb der Umzäunung halten können. Knick-Hecken liefern beim Pflegeschnitt außerdem ausgefallenes Drechselholz, Brennholz sowie Wildfrüchte und Beeren wie beispielsweise Schlehen, Hagebutten und Brombeeren.

Hecken- und Gebüschstreifen entlang von Äckern und Wiesen haben sich für die Artenvielfalt besonders bewährt, da sie ähnliche Strukturen wie Waldsäume aufweisen. Pflanzen und Tiere des Waldes, des Waldrandes sowie der Wiesen und Felder finden an solchen Säumen ideale Lebensbedingungen vor, da Nahrung, Schutz und Lebensraum in einem langen Band vereint verfügbar sind. Werden Heckenanlagen um Äckern und Wiesen außerdem miteinander verknüpft, können Biotope über große Distanzen vernetzt werden. Tieren und Pflanzen wird dadurch die Möglichkeit zur Wanderung und Ausbreitung geboten, was für den Erhalt und die Gesunderhaltung von Beständen essenziell ist. Besonders effektiv für die Artenvielfalt ist neben der Verwendung unterschiedlicher einheimischer Gehölze auch die Einplanung eines breiten Randbereichs für Kräuterpflanzen. Wichtig sind außerdem Schnitt- und Verjüngungsmaßnahmen, bei der die Gehölze in regelmäßigen Abständen schonend gepflegt werden.

EINGRIFFELIGER WEISSDORN *(Crataegus monogyna)*

Blütenknospen entwickeln sich vornehmlich an den äußeren Zweigen eines Strauches. Durch einen geraden Heckenschnitt beraubt man sich somit eines Großteils der möglichen Blütenpracht.

Eberesche

Gewöhnlicher Hasel

Gewöhnliche Traubenkirsche

Wolliger Schneeball [1]

PFLANZENLISTE STRÄUCHER UND HECKEN

Breitblättriges Pfaffenhütchen *(Euonymus latifolia)*
Eberesche *(Sorbus aucuparia)*
Echte Mehlbeere *(Sorbus aria)*
Eingriffeliger Weißdorn *(Crataegus monogyna)*
Europäische Stechpalme *(Ilex aquifolium)*
Europäische Eibe *(Taxus baccata)*
Färber-Ginster *(Genista tinctoria)*
Faulbaum *(Rhamnus frangula)*
Gelber Blasenstrauch *(Colutea arborescens)*
Gewöhnliche Berberitze *(Berberis vulgaris)*
Gewöhnliche Felsenbirne *(Amelanchier ovalis)*
Gewöhnliche Mispel *(Mespilus germanica)*
Gewöhnliche Traubenkirsche *(Prunus padus)*
Gewöhnliche Zwergmispel *(Cotoneaster integerrimus)*
Gewöhnlicher Buchsbaum *(Buxus sempervirens)*
Gewöhnlicher Flieder *(Syringa vulgaris)*
Gewöhnlicher Goldregen *(Laburnum vulgare)*
Gewöhnlicher Hasel *(Corylus avellana)*
Gewöhnlicher Liguster *(Ligustrum vulgare)*
Gewöhnlicher Schneeball *(Viburnum opulus)*
Gewöhnlicher Spindelstrauch *(Euonymus europaeus)*
Gewöhnlicher Wacholder *(Juniperus communis)*
Kornelkirsche *(Cornus mas)*
Purgier-Kreuzdorn *(Rhamnus cathartica)*
Rote Heckenkirsche *(Lonicera xylosteum)*
Roter Hartriegel *(Cornus sanguinea)*
Roter Holunder *(Sambucus racemosa)*
Sanddorn *(Hyppophae ramnoides)*
Schlehdorn *(Prunus spinosa)*
Schwarzer Holunder *(Sambucus nigra)*
Schwedische Mehlbeere *(Sorbus intermedia)*
Steinweichsel *(Prunus mahaleb)*
Vogelkirsche *(Prunus avium)*
Wildapfel *(Malus communis)*
Wildbirne *(Pyrus communis)*
Wolliger Schneeball *(Viburnum lantana)*
Zweigriffeliger Weißdorn *(Crataegus laevigata)*

[1] Goldglänzender Rosenkäfer *(Cetonia aurata)*

HECKEN OHNE RICHTSCHNUR

Durch eine versetzte Pflanzung von zusammenhängenden Hecken bis hin zu solitären Sträuchern in verschiedenen Höhen wird der Wind gebremst, abgeleitet und verwirbelt. Dadurch entstehen vielfaltige Lebensbereiche mit unterschiedlicher Feuchtigkeits-, Wärme-, Licht- und Nährstoffversorgung.

LEBENSRAUM GEHÖLZSAUM

Gehölzränder bieten ideale Bedingungen für Kräuter und Gräser, die keinen Schnitt vertragen. Zusammen mit überhängenden Zweigen von Sträuchern bilden sie einen geschützten Rückzugsort für Igel, Vögel, Frösche und viele andere Tierarten. Daher sollte dieser Bereich, wenn überhaupt, nur behutsam und hoch gemäht werden.

SCHNITT VON STRÄUCHERN

Wildsträucher müssen nicht zwingend geschnitten werden. Ein Schnitt kann jedoch von Vorteil sein, um frischen Austrieb, eine bessere Verzweigung und Verjüngung zu fördern. Meist genügt die Entnahme von einzelnen Stamm- und Astteilen an Verzweigungen oder an der Basis zur Höhen- und Breitenbegrenzung.

ELEMENT
04. 03 TOTHOLZ

Totholz liefert Nährstoffe [1],

bietet geschützten Nistraum,

vielfältige Strukturen und

baut zusätzlichen Humus auf.

Ob stehende oder liegende Stämme, abgestorbene oder heruntergefallene Äste, Wurzelstöcke oder Holzreste – Totholz ist voller Leben. Es bietet Nährstoffe für unzählige Pilzarten, Mikroorganismen und Insekten, die das Holz nach und nach zersetzen. Durch die verschiedenen Zersetzungsstadien ändert sich die Konsistenz des Holzes. Es wird weicher, poröser und mürber und wird dadurch für viele weitere pflanzliche und tierische Bedürfnisse nutzbar, beispielsweise als Unterschlupf, Nistgelegenheit und Futterquelle. So erleichtert beispielsweise morsches Holz Spechten die Suche nach Käferlarven und den Bau von Nisthöhlen. Auch Pilze, Moose, Farne, erste Kräuter und Gräser profitieren, da ihre Wurzeln immer leichter in das sich langsam zersetzende Holz eindringen können, um an Nährstoffe und Feuchtigkeit zu gelangen.

Für eine breit angelegte Förderung vieler verschiedener Arten sollte Totholz unterschiedlicher Holzarten und sowohl in stehender als auch in liegender Form, als Wurzelstöcke, Zweighaufen oder Benjeshecken verfügbar sein, da sich Pflanzen- und Tierarten auf bestimmte Zersetzungsphasen und Baumarten spezialisiert haben. Abgestorbene, hohle, dicke Äste an lebenden Bäumen sowie stehendes Totholz wird gerne von höhlenbrütenden Vögeln, Fledermäusen sowie verschiedenen Nagetieren bezogen. Dies liegt daran, dass sie in höherer Lage vor Fressfeinden geschützt sind und Regen und Feuchtigkeit bei stehendem Totholz schnell abläuft und abtrocknet. Liegende Totholzstämme mit direktem Bodenkontakt verrotten dagegen schneller. Sie können jedoch an der Unterseite von scharrenden Mäusen und Igeln bearbeitet werden, sodass geschützte Hohlräume entstehen, die wiederum Unterschlupf für schutzsuchende Tiere wie Schlangen, Spitzmäuse, Frösche und Schnecken bieten. Auch im Wasser liegendes oder in der Erde vergrabenes Holz (z.B. tote Wurzeln) können Käfern und anderen Spezialisten zugutekommen. Die Vielfalt der Formen und Zersetzungsstadien von Totholz schafft eine Vielzahl von Lebensräumen und fördert die Artenvielfalt. Es ist daher sinnvoll, einzelne abgestorbene Äste, tote Bäume und Wurzelstöcke sich selbst zu überlassen und sie nicht aus dem Naturgarten zu entfernen.

[1] Schmetterlings-Tramete *(Trametes versicolor)*

ECHTER WURMFARN *(Dryopteris filix-mas)*

Interessant geformte Stämme, Wurzeln und Äste aus Totholz lassen sich wie Kunstwerke in Szene setzen. Totes Holz kann außerdem als abgrenzendes Element oder als Stütze und Klettergerüst für Pflanzen genutzt werden.

Brennnessel [1]

Weiße Taubnessel

Gewöhnliche Goldnessel

Gefleckte Taubnessel

PFLANZENLISTE „WILDE ECKEN“

Ackerwinde *(Convolvulus arvensis)*
Akeleiblättrige Wiesenraute *(Thalictrum aquilegiifolium)*
Bärenschote *(Astragalus glycyphyllos)*
Behaarte Karde *(Dipsacus pilosus)*
Beifuß *(Artemisia vulgaris)*
Brauner Storchschnabel *(Geranium phaeum)*
Bunte Kronwicke *(Securigera varia)*
Echter Beinwell *(Symphytum officinale)*
Echter Seidelbast *(Daphne mezereum)*
Echtes Johanniskraut *(Hypericum perforatum)*
Eisenkraut *(Verbena officinalis)*
Filz-Klette *(Arctium tomentosum)*
Gefleckte Taubnessel *(Lamium maculatum)*
Gewöhnliche Goldnessel *(Lamium galeobdolon)*
Gewöhnliche Goldrute *(Solidago virgaurea)*
Gewöhnliche Waldrebe *(Clematis vitalba)*
Gewöhnlicher Giersch *(Aegopodium podagraria)*
Gewöhnlicher Hohlzahn *(Galeopsis tetrahit)*
Gewöhnliches Seifenkraut *(Saponaria officinalis)*
Große Brennnessel *(Urtica dioica)*
Große Klette *(Arctium lappa)*
Große Sternmiere *(Rabelera holostea)*
Großes Hexenkraut *(Circaea lutetiana)*
Hecken-Kälberkropf *(Chaerophyllum temulum)*
Heidelbeere *(Vaccinium myrtillus)*
Himbeere *(Rubus idaeus)*
Immenblatt *(Melittis melissophyllum)*
Kleine Klette *(Arctium minus)*
Nesselblättrige Glockenblume *(Campanula trachelium)*
Riesen-Taubnessel *(Lamium orvala)*
Roter Fingerhut *(Digitalis purpurea)*
Scharbockskraut *(Ficaria verna)*
Schöllkraut *(Chelidonium majus)*
Stachel-Lattich *(Lactuca serriola)*
Wald-Engelwurz *(Angelica sylvestris)*
Berg-Waldrebe *(clematis montana)*
Weiches Lungenkraut *(Pulmonaria mollis)*
Weiße Taubnessel *(Lamium album)*
Wilde Karde *(Dipsacus fullonum)*

[1] Hufeisen-Azurjungfer *(Coenagrion puella)*

TOTHOLZ – STEHEND, LIEGEND UND IM BODEN

Der Standort und die Lage von Totholz kann entscheidend dafür sein, welche Tier- und Pflanzenarten sich dort ansiedeln. Das Holz eines stehenden Baumes ist trockener und hat eine andere Nährstoffverfügbarkeit im Vergleich zu Holz, das den Boden berührt, wo es feuchter ist. Es ist daher ideal, in Gärten, Parks und Wäldern eine Vielfalt an stehendem **01**, liegendem **02** und eingewurzeltem **03** toten Holz anzubieten, um den unterschiedlichen Bedürfnissen von Tieren gerecht zu werden – sei es als Lebensraum, Nistplatz oder Nahrungsquelle.

02

ELEMENT
04. 04

BENJESHECKE UND CO.

Vögel wie Zaunkönig [1],

Rotkehlchen [2],

Heckenbraunelle [3] und

Amsel [4] brüten in Benjeshecken.

Benjeshecken sind nach ihrem Entwickler, dem Förster Hermann Benjes, benannt. Er fand heraus, dass lockere Haufen und Wälle aus Totholz und Abfallholz, wie Äste und Zweige, eine einfache und kostengünstige Möglichkeit sind, um vielen Tieren Unterschlupf, Nahrung und Brutstätten zu bieten. Vögel, Kleinsäuger, Insekten und Amphibien profitieren besonders von diesen Hecken, da sie in Landschaften, wo natürliche Strukturen wie Gebüschsäume, Hecken, Feldgehölze und Wälder fehlen, wichtige Lebensräume bereitstellen. Durch geschickte Anlage von Benjeshecken mit Variationen in der Bauweise können zahlreiche Pflanzen- und Tierarten angelockt und angesiedelt werden. Besonders effektiv sind dabei eine Vielzahl von groben bis feinen Strukturen und Materialien sowie unterschiedlich große Hohl- und Zwischenräume.
Durch die Variation der Breite und Höhe von Heckenstrukturen sowie die Verwendung von unterschiedlichen Materialien wie Zweigen, Ästen, Stämmen, Wurzeln und anderen unbehandelten Resthölzern, Laub, Gras, Staudenrückschnitt und Grassoden können Nischen für eine Vielzahl von Arten geschaffen werden. Höhere Hecken bieten Vögeln beispielsweise besseren Schutz vor Raubtieren, während kleinere, dichte und feuchtere Haufen sich für Pilze, spreizklimmende oder haltende Pflanzen und kleinere Tierarten eignen können. Durch bis zu 50 cm tiefes Ausheben des unteren Bereichs einer Benjeshecke können außerdem feuchtere und im Sommer kühlere Klimabereiche entstehen, die empfindlichen Amphibien wie Fröschen, Kröten und Molchen Schutz vor Austrocknung bieten. Zudem lassen sich damit Schnecken, Käfer und viele andere Bodenlebewesen ansiedeln, die wiederum Nahrung für andere Tiere sein können.
Totholz- oder Benjeshecken können in vielen Varianten von geradlinig oder geschwungen, kunstvoll verflochten oder geschichtet, ein- oder beidseitig offen oder vollständig bedeckt gestaltet werden. Außerdem können sie bepflanzt werden oder als Rank- und Klettergerüst im Gemüsegarten für Melonen, Gurken und Kürbisse dienen – Raum für Kreativität und Fantasie zur naturnahen Gestaltung von kommunalen Anlagen, Parks und Privatgärten gibt es unendlich viel!

[1] Zaunkönig *(Troglodytes troglodytes)*
[2] Rotkehlchen *(Erithacus rubecula)*
[3] Heckenbraunelle *(Prunella modulari.*
[4] Amsel *(Turdus merula)*

Eine niedrige Benjeshecke aus Baumschnitt dient als Abgrenzung zum Gemüsegarten. Die nach Norden ausgerichtete Seite der Hecke eignet sich für Himbeeren. Als ehemalige Waldpflanze finden diese zwischen den Zweigen und Ästen Halt, profitiert von dem feuchten, waldähnlichen Humus, der sich durch die zersetzende Benjeshecke bildet, und erhält oben ausreichend Sonne für süße Früchte.

01

02

03

04

05

06

07

08

TOTHOLZHECKEN ALS GESTALTUNGSMITTEL

Die Verwendung von Totholz verschiedener Baumarten, Dimensionen und Gestaltungsformen ist gut für die Artenvielfalt, da dadurch ganz unterschiedliche Klimazonen für die Artenvielfalt entstehen. Hier sind einige Anwendungsbeispiele:

01 ungeordnet aufgeschichtetes Totholz als Haufen oder Wall
02 eingeschlagene Pfähle mit eingeflochtenen Zweigen und Ästen
03 eingegrabene dicke Äste, Stämme und Wurzeln
04 ungeordnetes oder gestapeltes Restholz
05 Holzmaterialien, die mit Heu, Stroh, Grassoden oder Erde bedeckt sind
06 locker gehäufte Äste und Zweige als Kletterhilfe für Pflanzen
07 Äste und Zweige, die zwischen Pflöcken geschichtet sind
08 einseitig offener Totholzwall, der bei südlich ausgerichteter Abdeckung durch Heu, Stroh, Grassoden und Erde mit wärmeliebenden Pflanzen bepflanzt werden kann

Die Kombination verschiedener Gestaltungsformen kann ebenfalls nützlich sein und eine Vielzahl von Tierarten anziehen.

WASSER – EIN MULTIPLIKATOR FÜR DIE TIER- UND PFLANZENWELT

Ob als kleine Vogeltränke, Teich, Weiher oder fließender Bach – Wasser in jeglicher Form kann die Artenvielfalt steigern und einen natürlichen Lebensraum für Tiere und Pflanzen schaffen. Teiche, Tümpel, Sumpfgebiete oder andere Wasserstellen können feuchtigkeits- und wasserliebende Arten wie Amphibien, Insekten, Vögel und andere Tiere anlocken und dadurch ihren Bestand fördern. Dies ist besonders wichtig, da aufgrund von Flurbereinigungen, Drainagen und der Begradigung von Bächen und Flüssen in unseren Landschaften immer weniger natürliche, stehende oder fließende Gewässer vorhanden sind, die den speziellen Bedürfnissen von Wasserpflanzen und Wassertieren gerecht werden können. Die Integration von Wasser in die Landschafts- und Gartengestaltung ist daher eine wichtige Maßnahme, um diesen Pflanzen und Tieren Nahrung, Unterschlupf und Brutplätze bereitzustellen.

In Gärten und Anlagen kann Wasser nicht nur einen ansprechenden Lebensraum für Tiere und Pflanzen schaffen, sondern auch das Mikroklima verbessern. Durch Teiche, Weiher und andere Wasserstellen erhöht sich durch die Verdunstung des Wassers die Luft- und Bodenfeuchtigkeit, was besonders in trockenen Regionen vorteilhaft ist, um das Pflanzenwachstum zu fördern. Zudem kann verdunstendes Wasser die Umgebungstemperatur senken, was besonders in städtischen Gebieten von Nutzen ist. Wasserflächen können daher zu einem ausgeglicheneren und angenehmeren Mikroklima beitragen und die Lebensbedingungen für Mensch, Tier und Pflanzen verbessern.

KAPITEL

05 WASSER

Wasser ist die essenzielle Grundlage allen Lebens auf unserer Erde und spielt eine unverzichtbare Rolle in zahlreichen ökologischen Prozessen.

ELEMENT 05. 01

SUMPFBEET

Bach-Nelkenwurz

Pfennigkraut

Winter-Schachtelhalm

Sumpfdotterblume

Das Sumpfbeet ist eine Möglichkeit, um kostengünstig und mit geringem Aufwand feuchte bis nasse Stellen in Gärten zu integrieren und darauf Sumpfpflanzen anzusiedeln. Besonders geeignet sind hierfür natürliche Kuhlen und Senken von Wiesenflächen, in denen sich zeitweise ohnehin Wasser sammelt und in die zusätzlich Regenwasser von Dächern eingeleitet werden kann. Hier lassen sich auf einfache Weise Impfinseln mit feuchtigkeitsliebenden Pflanzen integrieren, die für mehr Vielfalt sorgen können. Zeitweise überflutete Stellen können beispielsweise mit Pflanzen wie Echtem Mädesüß, Bach-Nelkenwurz und Sumpf-Schwertlilie bepflanzt werden, während sich bei durchgängig stehender Nässe Sumpfdotterblume, Bachbungen-Ehrenpreis und Brunnenkresse eignen. Falls keine Geländevertiefung vorhanden ist, kann alternativ auch eine Fläche mit einer Tiefe von 30–50 cm ausgehoben werden. Diese kann dann entweder mit Folie ausgelegt oder durch eine Abdichtung mit einer 30–40 cm dicken Lehmschicht versehen werden.

Eine andere Möglichkeit besteht im Bau eines Beckens über dem Geländeniveau, bei dem eine Umrandung aus aufgeschütteter Erde, Steinen, einem alten Sandkasten oder einer sonstigen stabilen Einfassung mit etwa 20–40 cm Tiefe mit Teichfolie ausgelegt wird. Für eine erste Bepflanzung genügt etwas Sand, Kies oder magere Gartenerde im Randbereich, in dem Pflanzen Halt finden und einwurzeln können. Auf eine Verfüllung mit Torf sollte unbedingt verzichtet werden, da durch den Torfabbau Moore zerstört werden. Es ist zudem viel spannender, den „Verlandungsprozess“, die Entwicklung von einer wassergefüllten „Pfütze“ mit einer Initialbepflanzung zum „finalen Sumpf“ zu beobachten. Denn durch einfallendes Laub und abgestorbenes Pflanzenmaterial sammelt sich organisches Material im Laufe der Zeit von ganz allein an und füllt den Sumpfbereich auf. Es kann daher sogar von Vorteil sein, wenn sich anfangs durch viele Nährstoffe Algen bilden oder dadurch die Vermehrung von Wasserlinsen gefördert wird. Wenn dieses organische Pflanzenmaterial abstirbt, sammelt es sich auf dem Grund des Sumpfbeetes wie ein Filzteppich und ermöglicht so weiteren Pflanzen das Wachstum, indem es Nährstoffe zur Verfügung stellt und besonders den Wurzeln von höher wachsenden Pflanzen Halt gibt.

01 GEWÖHNLICHER BLUTWEIDERICH *(Lythrum salicaria)*
02 SUMPF-SCHWERTLILIE *(Iris pseudacorus)*

Der Blick in ein sich dynamisch entwickelndes Sumpfbeet zeigt eine erste Randbepflanzung. Die noch offene Wasserfläche wird im Laufe der Zeit allmählich von üppigem Pflanzenwuchs überwachsen werden.

Blumenbinse [1] [2]

Kleiner Baldrian [3]

Zungen-Hahnenfuß

Kuckucks-Lichtnelke

PFLANZENLISTE SUMPFBEET

Ästiger Igelkolben *(Sparganium erectum)*
Bachbungen-Ehrenpreis *(Veronica beccabunga)*
Bach-Nelkenwurz *(Geum rivale)*
Blauer Sumpfenzian *(Swertia perennis)*
Blauer Wasser-Ehrenpreis *(Veronica anagallis-aquatica)*
Blumenbinse *(Butomus umbellatus)*
Blutweiderich *(Lythrum salicaria)*
Echte Brunnenkresse *(Nasturtium officinale)*
Echtes Mädesüß *(Filipendula ulmaria)*
Gewöhnlicher Froschbiss *(Hydrocharis morsus-ranae)*
Gewöhnlicher Froschlöffel *(Alisma plantago-aquatica)*
Gewöhnlicher Tannenwedel *(Hippuris vulgaris)*
Gewöhnlicher Teufelsabbiss *(Succisa pratensis)*
Gewöhnliches Pfeilkraut *(Sagittaria sagittifolia)*
Große Sternmiere *(Stellaria holostea)*
Kleiner Baldrian *(Valeriana dioica)*
Kuckucks-Lichtnelke *(Silene flos-cuculi)*
Pracht-Nelke *(Dianthus superbus)*
Schachblume *(Frittilaria meleagris)*
Sumpfdotterblume *(Caltha palustris)*
Sumpf-Fetthenne *(Sedum villosum)*
Sumpf-Gladiole *(Gladiolus palustris)*
Sumpf-Helmkraut *(Scutellaria galericulata)*
Sumpf-Herzblatt *(Parnassia palustris)*
Sumpf-Lappenfarn *(Thelypteris palustris)*
Sumpf-Läusekraut *(Pedicularis palustris)*
Sumpf-Schafgarbe *(Achillea ptarmica)*
Sumpf-Schwertlilie *(Iris pseudacorus)*
Sumpf-Stendelwurz *(Epipactis palustris)*
Sumpf-Veilchen *(Viola palustris)*
Sumpf-Vergissmeinnicht *(Myosotis scorpioides)*
Sumpfwolfsmilch *(Euphorbia palustris)*
Vierblättriger Kleefarn *(Marsilea quadrifolia)*
Wasser-Lobelie *(Lobelia dortmanna)*
Winter-Schachtelhalm *(Equisetum hyemale)*
Zungen-Hahnenfuß *(Ranunculus lingua)*

[1] Gallische Feldwespe *(Polistes dominula)*
[2] Goldfliege *(Lucilia sericata)*
[3] Frühe Bienenschwebfliege *(Brachypalpus valgus)*

DYNAMISCHE ENTWICKLUNG …

Die Entstehung eines Sumpfes ist ein Verlandungsprozess, bei dem sich im Laufe der Jahre immer mehr Sedimente und organische Materialien in Gewässern ansammeln und absetzen. Mit der Zeit siedeln sich Wasserpflanzen an, was die Wasserzone immer mehr verkleinert. Anhand eines Sumpfbeetes lässt sich diese Entwicklung vom Flachwasserbecken zum Sumpfbeet innerhalb von einigen Jahren beobachten.

… VON FLACHWASSER **01** …

Ein „nasses Beet" ist eine einfache Möglichkeit, um auch auf kleiner Fläche Sumpfpflanzen anzusiedeln. Ein 30–40 cm tief ausgehobenes, mit Teichfolie ausgelegtes und mit Wasser gefülltes Becken genügt dafür. Erste Sumpfpflanzen können dabei in ein am Rand angeschüttetes Sand-Schottergemisch oder magere Aushuberde gepflanzt werden. Eine Auffüllung mit wertvollem Torf oder anderen Substraten ist dabei weder sinnvoll noch notwendig.

… ZUM SUMPFBEET **02**

Nach einigen Jahren sammeln sich immer mehr abgestorbene Stängel und Blätter der Randbepflanzung, Laub und feine Partikel der Umgebung im Wasser – Nährstoffe für Pflanzen. Die damit einhergehende Algenbildung ist dabei ein natürlicher Vorgang, der für eine weitere Auffüllung des Beetes sorgt. Die Pflanzen des Gewässerrandes breiten sich aus, was die offene Wasserfläche immer kleiner werden lässt. Ein Sumpfbeet entsteht.

ELEMENT 05. 02 KLEINE TEICHE

Ufer-Wolfstrapp [1]

Zwergrose, Zuchtform

Ross-Minze [2]

Gewöhnlicher Wasserdost [3]

Teichbiotope sind auf kleinem Raum angelegte Miniaturen von natürlichen Tümpeln und Seen, die eine Vielzahl unterschiedlicher Pflanzenarten vereinen können. Durch eine Abstufung des Teichgrundes werden die unterschiedlichen Anforderungen von Ufer-, Flachwasser- und Tiefwasserpflanzen an die Wassertiefe erfüllt. Die Terrassierung erleichtert die Begehung für Pflanz- und Pflegearbeiten innerhalb des Teiches und verhindert außerdem das Abrutschen von Pflanzen auf zu schrägem Untergrund. Denn selbst kleine Teiche benötigen eine Mindesttiefe von 80 cm, um ein stabiles Ökosystem zu gewährleisten und vor sommerlicher Hitze und Frost zu schützen.
Kleine Teiche sind eine gute Gelegenheit, um seltenen oder besonders gefährdeten Pflanzen wie dem Sumpf-Vergissmeinnicht, der Schachblume, der Sumpf-Schafgarbe und der Krebsschere eine Chance zu geben. Daher empfiehlt es sich bei kleinen Teichen, auf stark wüchsige Ufer- und Flachwasserpflanzen wie den Breitblättrigen Rohrkolben, die Wasser-Minze oder Schilf zu verzichten, da sie schnell das Gesamtbild dominieren können. Auch Fische, Schildkröten und Wasservögel sollten von Naturteichen ferngehalten werden, da sie Teiche überdüngen und innerhalb kurzer Zeit Kaulquappen, Molche, Libellen und andere Insektenlarven dezimieren, was die Entwicklung zu einem vielfältigen Biotop verhindert. Zudem überleben nur wenige Pflanzen im Wasser- und Uferbereich, wenn Enten im Teich gehalten werden.
Ein intakter Teich mit einem breit angelegten Bewuchs der Flachwasser-Randzone benötigt keine Filteranlagen, da Pflanzenwurzeln Schwebstoffe im Wasser auffangen und Nährstoffe aus diesem aufnehmen. Gelegentlich kann es dennoch zu Algenbildung kommen, welche jedoch meist nur vorübergehend ist. Ein teilweises Abschöpfen der Algen ist dann meist ausreichend.
Kleine Teiche sollten grundsätzlich nährstoffarm gehalten werden. Es ist daher sinnvoll, einfallendes Laub zu entfernen und ein mageres Sand-Schottergemisch als Substrat zu verwenden, damit einzelne Arten nicht überhandnehmen, und um eine große Artenvielfalt auf Dauer zu erhalten.

[1] Wildbiene *(Lasioglossum* sp.*)*
[2] Waldschwebfliege *(Volucella pellucens)*
[3] Gemeine Sonnenschwebfliege *(Helophilus pendulus)*

01 ZWERGROSE *(Nymphaea sp.)*
02 SCHMALBLÄTTRIGES WOLLGRAS *(Eriophorum angustifolium)*
03 VIELFARBIGE WOLFSMILCH *(Euphorbia epithymoides)*
04 ROTE LICHTNELKE *(Silene dioica)*

Das Schmalblättrige Wollgras entwickelt als Pionier ein erstes dichtes Wurzelgeflecht in Richtung der Wasserzone und bietet damit nachfolgenden Sumpfpflanzen Halt im Wurzelbereich.

PFLANZENLISTE KLEINE TEICHE

UFERZONE
Blutweiderich *(Lythrum salicaria)*
Fieberklee *(Menyanthes trifoliata)*
Gewöhnliche Sumpfkresse *(Rorippa palustris)*
Gewöhnlicher Frauenmantel *(Alchemilla vulgaris)*
Gewöhnlicher Teufelsabbiss *(Succisa pratensis)*
Gewöhnlicher Wasserdost *(Eupatorium cannabinum)*
Gewöhnlicher Wassernabel *(Hydrocotyle vulgaris)*
Große Sterndolde *(Astrantia major)*
Große Sternmiere *(Stellaria holostea)*
Gundermann *(Glechoma hederacea)*
Kiechender Günsel *(Ajuga reptans)*
Kleiner Baldrian *(Valeriana dioica)*
Knäuel-Binse *(Juncus conglomeratus)*
Kriechender Sellerie *(Helosciadium repens)*
Kuckucks-Lichtnelke *(Silene flos-cuculi)*
Langblättriger Ehrenpreis *(Veronica longifolia)*
Pfennigkraut *(Lysimachia nummularia)*
Pracht-Nelke *(Dianthus superbus)*
Ross-Minze *(Mentha longifolia)*
Scheiden-Wollgras *(Eriophorum vaginatum)*
Schmalblättriges Wollgras *(Eriophorum angustifolium)*
Sibirische Schwertlilie *(Iris sibirica)*
Sumpfblutauge *(Potentilla palustris)*
Sumpf-Fetthenne *(Sedum villosum)*
Sumpf-Gladiole *(Gladiolus palustris)*
Sumpf-Schwertlilie *(Iris pseudacorus)*
Sumpf-Storchschnabel *(Garanium palustre)*
Sumpf-Veilchen *(Viola palustris)*
Sumpfwolfsmilch *(Euphorbia palustris)*
Ufer-Wolfstrapp *(Lycopus europaeus)*
Zwergrose *(Nymphaea* sp.*)*

FLACHWASSERZONE
Ästiger Igelkolben *(Sparganium erectum)*
Blauer Wasser-Ehrenpreis *(Veronica anagallis-aquatica)*
Blumenbinse *(Butomus umbellatus)*
Echte Brunnenkresse *(Nasturtium officinale)*
Gewöhnlicher Froschbiss *(Hydrocharis morsus-ranae)*
Gewöhnlicher Froschlöffel *(Alisma plantago-aquatica)*
Gewöhnliches Pfeilkraut *(Sagittaria sagittifolia)*
Großer Wasserfenchel *(Enanthe aquatica)*
Schmalblättriger Rohrkolben *(Typha angustifolia)*
Straußblütiger Gilbweiderich *(Lysimachia thyrsiflora)*
Sumpfdotterblume *(Caltha palustris)*
Sumpf-Schwertlilie *(Iris pseudacorus)*
Wasser-Lobelie *(Lobelia dortmanna)*
Zungen-Hahnenfuß *(Ranunculus lingua)*
Zwerg-Rohrkolben *(Typha minima Hoppe)*

WASSERZONE
Dreifurchige Wasserlinse *(Lemna trisulca)*
Kleine Teichrose *(Nuphar pumila)*
Kleine Wasserlinse *(Lemna minor)*
Krebsschere, Wasseraloe *(Stratiotes aloides)*

01 UFERZONE

Die Uferzone ist eine sehr wichtige Zone sowohl für Land- als auch für Wassertiere. Sie sollte daher großzügig bemessen sein und dichte Vegetation mit vielfältigen Strukturen (Totholz, Steine in verschiedenen Größen, Sand und Lehm) bieten, um Schutz und Unterschlupf zu gewährleisten. Der direkte Zugang zur Uferzone sollte auf wenige Stellen beschränkt sein, um Störungen zu vermeiden.

02 FLACHWASSERZONE

Die Pflanzen in der Flachwasserzone dienen Tieren als Unterschlupf, bieten Laichplätze und sind Nahrungsquelle. Sie produzieren Sauerstoff, filtern das Wasser und entziehen diesem überschüssige Nährstoffe, wodurch sie zur Aufrechterhaltung der Wasserqualität beitragen. Es wird empfohlen, dass die Flachwasserzone ungefähr einen Drittel der Gesamtgröße des Teiches ausmacht.

03 WASSERZONE

Ein abgestufter Teichgrund ermöglicht es, eine Vielzahl von Pflanzen mit unterschiedlichen Anforderungen an die Wassertiefe auf kleinem Raum zu vereinen. Verschieden tief angelegte Abstufungen verhindern ein Abrutschen der Pflanzen und erleichtern die Anlage und Pflege. Teiche sollten außerdem nährstoffarm gehalten werden, um übermäßige Algenbildung zu verhindern.

ELEMENT 05. 03

TEICHE UND WEIHER

Breitblättriger Rohrkolben

Wasser-Minze [1] [2]

Sumpf-Ziest [3]

Huflattich [4]

Jede Wasserfläche trägt zur Erhaltung und Förderung der Artenvielfalt bei. Größere Teiche haben den Vorteil, dass hier auch stark wüchsige Pflanzen eingesetzt werden können und mehr Raum für einen großzügigen Randbereich mit abwechslungsreichen Strukturen zur Verfügung steht. Breite Ufer- und Flachwasserzonen sind besonders wichtig für die Tier- und Pflanzenwelt, sowohl im Wasser als auch an Land. Je breiter diese gestaltet werden, desto besser, da eine größere Fläche mehr Raum für das Leben um den Teich bietet und somit eine ungestörtere Entwicklung ermöglicht.
In dieser Zone können kräftig wachsende einheimische Pflanzen wie Huflattich, Sumpf-Ziest und sogar die Gewöhnliche Pestwurz mit ihren dekorativen großen Blättern im Uferbereich eingesetzt werden. Der Überlauf eines Folienteiches bietet zusätzliche Bodenfeuchtigkeit und sollte daher für besonders feuchtigkeitsbedürftige, seltene Pflanzen wie beispielsweise Kuckucks-Lichtnelke, Schachblume, Gewöhnlicher Teufelsabbiss und seltene Knabenkräuter reserviert werden.
Zur Förderung der Artenvielfalt bei Teichanlagen empfiehlt es sich, durch gezielte Strukturierung vielfältige Mikroklimabereiche zu schaffen. Der Teichaushub kann hierbei zur Gestaltung des Uferbereichs genutzt werden, indem Hügel, verschiedene Ebenen oder Terrassierungen angelegt werden. Materialien wie Holz, Äste und Steine in unterschiedlichen Größen und Formen sind eine zusätzliche Bereicherung, da sie Unterschlupf für eine Vielzahl von Tier- und Pflanzenarten bieten. Zusätzliches Strukturmaterial entsteht außerdem durch den Pflanzenrückschnitt im Frühjahr, um den Pflanzen Luft zum Austrieb zu geben. Trockene Gräser oder Stängel können dabei locker aufgehäuft Unterschlupf bieten oder etwas zerkleinert zur Humusbildung und als Schutz des Bodens vor Austrocknung durch Wind und Sonne vor Ort bleiben. Diese Mulchschicht beugt außerdem einer zu dichten Selbstaussaat vor und unterdrückt durchsetzungsstarke Wiesengräser und Kräuter, die jährlich gejätet werden müssen, um die Pflanzenvielfalt einer Teichanlage auf Dauer zu erhalten.

[1] Große Sumpfschwebfliege *(Helophilus trivittatus)*
[2] Rotgefleckte Raupenfliege *(Eriothrix rufomaculatus)*
[3] Garten-Wollbiene *(Anthidium manicatum)*
[4] Große Holzbiene *(Xylocopa violacea)*

Der Teichrand ist eine wichtige Übergangszone, in der viele unterschiedliche Tier- und Pflanzenarten des Wassers und des Landes einen Lebensraum finden können. Deshalb ist es wichtig, dass diese Zone großzügig bemessen wird, um eine ungestörte Entwicklung der Artenvielfalt zu ermöglichen.

PFLANZENLISTE TEICHE UND WEIHER

UFERZONE

Bachbungen-Ehrenpreis *(Veronica beccabunga)*
Bach-Nelkenwurz *(Geum rivale)*
Blutweiderich *(Lythrum salicaria)*
Echte Brunnenkresse *(Nasturtium officinale)*
Echter Baldrian *(Valeriana officinalis)*
Echtes Mädesüß *(Filipendula ulmaria)*
Echtes Seifenkraut *(Saponaria officinalis)*
Gewöhnliche Pestwurz *(Petasites hybridus)*
Gewöhnlicher Beinwell *(Symphytum officinale)*
Gewöhnlicher Gilbweiderich *(Lysimachia vulgaris)*
Gewöhnlicher Teufelsabbiss *(Succisa pratensis)*
Gewöhnlicher Wasserdost *(Eupatorium cannabinum)*
Große Sternmiere *(Stellaria holostea)*
Huflattich *(Tussilago farfara)*
Kleiner Baldrian *(Valeriana dioica)*
Knäuel-Binse *(Juncus conglomeratus)*
Kohldistel *(Cirsium oleraceum)*
Kuckucks-Lichtnelke *(Silene flos-cuculi)*
Pfennigkraut *(Lysimachia nummularia)*
Ross-Minze *(Mentha longifolia)*
Rote Lichtnelke *(Silene dioica)*
Scheuchzers Wollgras *(Eriophorum scheuchzeri)*
Schlangen-Wiesenknöterich *(Bistorta officinalis)*
Schmalblättriges Weidenröschen *(Epilobium angustifolium)*
Sumpf-Schachtelhalm *(Equisetum palustre)*
Sumpf-Ziest *(Stachys palustris)*
Wasser-Minze *(Mentha aquatica)*
Zottiges Weidenröschen *(Epilobiom hirsutum)*

WASSERZONE

Ähriges Tausendblatt *(Myriophyllum spicatum)*
Breitblättriger Rohrkolben *(Typha latifolia)*
Bucklige Wasserlinse *(Lemna gibba)*
Gewöhnlicher Wasserschlauch *(Utricularia vulgaris)*
Kleine Teichrose *(Nuphar pumila)*
Raues Hornblatt *(Ceratophyllum demersum)*
Schilfrohr *(Phragmites australis)*
Wasserfeder *(Hottonia palustris)*

FLACHWASSERZONE

Ästiger Igelkolben *(Sparganium erectum)*
Blauer Wasser-Ehrenpreis *(Veronica anagallis-aquatica)*
Blumenbinse *(Butomus umbellatus)*
Echte Brunnenkresse *(Nasturtium officinale)*
Fieberklee *(Menyanthes trifoliata)*
Gewöhnlicher Froschbiss *(Hydrocharis morsus-ranae)*
Gewöhnlicher Tannenwedel *(Hippuris vulgaris)*
Gewöhnliches Pfeilkraut *(Sagittaria sagittifolia)*
Großer Wasserfenchel *(enanthe aquatica)*
Schmalblättriger Rohrkolben *(Typha angustifolia)*
Sumpfdotterblume *(Caltha palustris)*
Sumpf-Schwertlilie *(Iris pseudacorus)*
Vierblättriger Kleefarn *(Marsilea quadrifolia)*
Wasser-Lobelie *(Lobelia dortmanna)*
Zungen-Hahnenfuß *(Ranunculus lingua)*
Zwerg-Rohrkolben *(Typha minima Hoppe)*

Schmalblättriges Weidenröschen [1]

Kohldistel [2]

Schlangen-Knöterich

Echtes Mädesüß

GEHÖLZE AN GEWÄSSERN

Bei größeren Teichen und Weihern können Gehölze wie Weiden, Erlen und Moor-Birken im Uferbereich **01** gepflanzt werden, um ein Biotop zusätzlich zu bereichern. Sträucher und Bäume diversifizieren das Mikroklima und produzieren große Mengen an Holz, Laub und Strukturen, die den Uferbereich aufwerten. Das herabfallende Laub bildet Humus und speichert Feuchtigkeit. Äste, Zweige und Laub sammeln sich teilweise in der Flachwasserzone **02**, in der sich dann typische Sumpfpflanzen ansiedeln können. Große, aus der Wasseroberfläche herausragende Steine und unter Wasser getauchtes Holz von Bäumen bieten weiteren Lebensraum und Nahrung für zahlreiche Bewohner der Wasserzone **03**.

[1] Baumhummel *(Bombus hypnorum)*
[2] Taubenschwänzchen *(Macroglossum stellatarum)*

GRÜNE BAUPROJEKTE

Ästhetik, Funktionalität und gleichzeitiger Nutzen für die Biodiversität schließen sich nicht gegenseitig aus. Zäune lassen sich für Igel, Wiesel und Frösche durchlässig gestalten und Mauern sowie andere Abgrenzungen können als zusätzliche Geländestrukturen einen Lebensraumzugewinn für viele Arten darstellen. Auch Gebäude müssen nicht zwangsläufig versiegelte Flächen sein, sondern bieten die Möglichkeit, zusätzlichen Lebensraum zu schaffen, indem Wände und Dächer für Pflanzen und Tiere nutzbar gestaltet und bepflanzt werden. Durch Dachbegrünungen können spannende Refugien entstehen, in denen sich eine Miniaturwelt von spezialisierten Tieren und Pflanzen entwickeln kann. Begrünte Fassaden bieten einer Vielzahl von Singvögeln geschützte Nistplätze und helfen dabei, lästige Fliegen zu vertilgen.

Gebaute Nistgelegenheiten sind eine hervorragende Möglichkeit, um Gebäude ökologisch aufzuwerten und damit mehr Lebensraum für verschiedene Tierarten zu schaffen. Ein gutes Beispiel sind traditionell in Scheunen und Häuser eingebaute „Eulenlöcher" an Giebelseiten, um Greifvögeln eine hohe, sicher gelegene Nistgelegenheit zu bieten. Fehlende oder nur wenig vorhandene Strukturen wie knorrige alte Bäume mit hohlen Stämmen im Garten können so ausgeglichen werden. Solche Unterschlüpfe können bereits bei der Planungsphase eines Neubaus in die Konstruktion einer Fassade integriert werden, wie dies zur Ansiedelung von Fledermäusen und Mauerseglern erfolgreich umgesetzt wird.

Darüber hinaus gibt es zahlreiche weitere Möglichkeiten, um Wohnungs-, Arbeits- oder Landschaftsarchitektur lebensfreundlicher zu gestalten – sowohl für die Umwelt als auch für uns Menschen.

KAPITEL

06 BAUTEN

Freundliche Übernahme: Großer Ehrenpreis *(Veronica teucrium)* und Rote Lichtnelke *(Silene dioica)* entern die Fugen eines Holzstegs.

ELEMENT
06. 01 WEGE, PLÄTZE

Sand, Kies, Schotter

Steine, Wacken

Steinplatten [1]

Holz, Hackschnitzel, Rindenmulch

Laut dem Bundesamt für Naturschutz sind mittlerweile rund 13 % der Fläche Deutschlands durch Straßen, Wege, Plätze und Gebäude versiegelt. Das entspricht einer Fläche von etwa 46.500 Quadratkilometern; das ist mehr als die Fläche Dänemarks – Tendenz wachsend. Dieser massive und ständig zunehmende Verlust an Natur- und Kulturflächen stellt nicht nur ein Problem für die Natur dar, auch wir Menschen verlieren lebensnotwendige Ressourcen wie Ackerflächen, Wälder, Wiesen und Erholungsräume. Daher ist es notwendig, Ideen und Strategien zu entwickeln, um diesen Flächenverlust zu vermeiden, zu minimieren und, wo immer sich die Gelegenheit bietet, zurückzubauen.
Eine Möglichkeit, den Flächenverbrauch im eigenen Garten und in Landschaftsanlagen zu reduzieren, besteht darin, die Gestaltung von Wegen und Plätzen möglichst schon in der Planungsphase zu berücksichtigen. Um unnötige Versiegelung zu vermeiden, sollten Parkplätze für Autos möglichst nah an bestehenden Straßen und Eingängen angelegt werden. Wenn Besucher ihre Fahrzeuge auf der Straße parken, wird zusätzliche Flächenversiegelung vermieden, was nicht nur die Kosten für die Anlage, den Erhalt und die Pflege senkt, sondern auch dazu beiträgt, die verfügbare Fläche für unseren Naturgarten möglichst groß zu halten.
Außerdem ist zu überlegen, ob ein Weg oder eine Fläche wirklich versiegelnd gepflastert oder asphaltiert sein muss. In der Regel geht es darum, mit sauberen oder trockenen Schuhen von A nach B zu gelangen und dass sich keine Pfützen oder Stolperfallen durch Unebenheiten bilden. In vielen Fällen können Trittsteine, Hackschnitzel, gerbstoffhaltiges Eichen- und Nussbaumlaub, Rindenmulch, Kies oder Schotter den erforderlichen Zweck erfüllen. Doch auch diese Lösungen benötigen wertvolle Ressourcen wie Holz sowie Sand und Kies, deren Herstellung oder Abbau einen empfindlichen Eingriff in die Natur darstellen kann. Die einfachste Möglichkeit ist daher, die Abmessungen von Wegen und Plätzen auf ein Minimum zu beschränken und weniger genutzte Wege in Gärten oder Anlagen nur in Rasenmäher- oder Laufwegbreite kurz zu halten. Auf diese Weise können die meisten Wegflächen begrünt erhalten werden.

[1] Hauswurz *(Sempervivum* sp.*)* Zuchtform

01 ORANGEROTES HABICHTSKRAUT *(Hieracium aurantiacum)*

Selbst auf magerem Untergrund sammeln sich im Laufe der Jahre Nährstoffe in Fugen und Ritzen an. Wenn man das Überwachsen der Steine als natürlichen Prozess betrachtet, spart man sich viel Aufwand. Auch mit Bewuchs erfüllen die Steine ihren Zweck: Sie befestigen den Untergrund und machen ihn befahr- und belastbar. Außerdem können sich hier interessante Pflanzengesellschaften ansiedeln und einen neuen Lebensraum für Fugenspezialisten bieten.

01 GROSSER EHRENPREIS *(Veronica teucrium)*
02 ECHTES LABKRAUT *(Galium verum)*
03 KÖNIGSKERZE *(Verbascum* sp.*)*
04 ROTE LICHTNELKE *(Silene dioica)*
05 VERGISSMEINNICHT *(Myosotis)*
06 VIELFARBIGE WOLFSMILCH *(Euphorbia epithymoides)*

Gartenweg aus unbehandelten, alten Resthölzern.

ARTENFREUNDLICHE WEGE

Bei der Gestaltung von Wegen, Plätzen und Flächen können kreative Lösungen helfen, um Lebensräume für Pflanzen und Tiere zu schaffen, anstatt sie zu zerstören. Ein Beispiel dafür kann die Verwendung eines niedrigen Holzstegs als Wegefläche sein, der einen besonderen Lebensraum „im Untergrund" schafft. Werden unterschiedlich große Steine und Holzmaterialien unter dem Steg platziert, entstehen Unterschlupfmöglichkeiten und ein etwas feuchteres Klima, das von schattenverträglichen Pflanzen wie Moosen, kleinen Farnen, Amphibien sowie einer Vielzahl von Insekten, Spinnen und Bodenlebewesen genutzt werden kann. Diese Arten wiederum sind Nahrungsangebot für andere Tiere, beispielsweise den Igel, der sich den ruhigen und geschützten Steg sogar als Ort für den Winterschlaf aussuchen kann.

ELEMENT 06. 02

ABGRENZUNGEN

Abgrenzungen können als

Klimaelemente dienen,

bieten Unterschlupf, Nistplätze

und Lebensraum für viele Arten.

In privaten Gärten sowie in öffentlichen und gewerblichen Anlagen dienen Abgrenzungen wie Zäune, Mauern, Hecken oder Gräben als Funktions- und Gestaltungselemente, um verschiedene Bereiche voneinander abzugrenzen. Diese Barrieren oder Markierungen sollen beispielsweise Wege und Flächen kennzeichnen, die Privatsphäre durch Sicht-, Wind- und Lärmschutz herstellen und dabei Flächen möglichst attraktiv gestalten und gliedern.

Ein interessanter Nebeneffekt solcher Maßnahmen ist, dass das Gelände dadurch zusätzliche Höhen und Tiefen, Materialien, Strukturen und mehr Oberfläche erhält. Durch die vielfältigere Geländeform werden Wind- und Luftströmungen gebremst, verwirbelt oder in andere Richtungen gelenkt, was sich auf die Verteilung von Wärme und Feuchtigkeit auswirkt und ein vielfältiges Mikroklima zur Folge hat. Dadurch entstehen spannende, abwechslungsreichere Klimazonen, die sehr unterschiedlichen Pflanzen und Tieren als Lebensraum dienen können.

Beim Bau von Abgrenzungen kann es spannend sein, besonders artenfreundliche Lösungen zu finden, indem natürliche, regional vorkommende Materialien berücksichtigt und absichtlich Fugen und Hohlräume geschaffen werden. So bieten beispielsweise trockene, nicht mit Mörtel verfugte Steinmauern eine Bepflanzung und gleichzeitig Rückzugsorte für Eidechsen, Wildbienen, Spinnen und Käfer. Auch ausgelegte Balken, Bretter, Stammabschnitte, Steine oder ein einfacher Graben erfüllen auf einfache Weise ihre abgrenzende Funktion und bieten gleichzeitig Tieren in Hohl- und Zwischenräumen Unterschlupf. Breiter angelegte Wälle, aneinandergereihte Strohballen oder eine Totholz- oder Benjeshecke sind eine besonders artenfreundliche Form von Abgrenzungen, mit denen sich außerdem unterschiedlich wuchsstarke Pflanzen voneinander abgrenzen lassen. Selbst unansehnliche, aber noch stabile Zäune und Mauern können erhalten werden. Schadstellen können durch Pflanzen kaschiert und gleichzeitig zu ökologisch wertvollen Rückzugsorten umgestaltet werden. Mit Kletterpflanzen bepflanzt, entwickeln sich dichte, verzweigte oder verschlungene Strukturen, die Insekten und Vögeln Futter, Verstecke und Nistplätze bieten.

01 SCHWARZE KÖNIGSKERZE *(Verbascum nigrum)*
02 GEWÖHNLICHER NATTERNKOPF *(Echium vulgare)*
03 ECHTER LAVENDEL *(Lavandula angustifolia)*

Die nach Süden eingebuchtete Trockensteinmauer wirkt wie eine Wärmefalle – der ideale Standort für wärmeliebende Kräuter und Wildpflanzen.

Hopfen

Brombeere

Wald-Geißblatt

Gewöhnlicher Efeu [1]

PFLANZENLISTE KLETTERPFLANZEN

Alpen-Waldrebe *(Clematis alpina)*
Brombeeren *(Rubus fruticosus)*
Gewöhnlicher Efeu *(Hedera helix)*
Gewöhnliche Waldrebe *(Clematis vitalba)*
Hopfen *(Humulus lupulus)*
Kletterrose *(Rosa sp.)*
Platterbsengewächse *(Lathyrus* sp.)
Wald-Geißblatt *(Lonicera periclymenum)*
Weinrebe *(Vitis vinifera)*
Windengewächse *(Convolvulaceae* sp.)

[1] Admiral *(Vanessa atalanta)*

ZÄUNE

Zäune sind nicht nur Abgrenzung und Sichtschutz, sondern können auch wertvolle Naturelemente in einem Garten darstellen. Sie bieten besonders den haftenden, klimmenden und windenden Kletterpflanzen **01** sowie anderen anlehnungsbedürftigen Gewächsen **02** Halt. Durch den Bewuchs können sich um Zäune auch Tiere ansiedeln. Daher sollte man Blumen, Kräuter oder Gräser großzügig im Bereich des Zauns stehen lassen, um den Rückzugsbereich für Tiere zu vergrößern. Um Verletzungen von Tieren zu vermeiden, sollten Zäune weite Zwischenräume **03** von 10–15 cm und einen nicht zu geringen Abstand zum Boden haben. Sie sollten nicht unter Strom stehen und keine spitzen Enden haben. Für Tiere besonders gefährlich sind Weidezäune und aufspannbare Rankgitter aus Kunststoffschnüren, in denen sie sich verfangen und strangulieren können.

ELEMENT
06. 03 GEBÄUDE

Englische Fetthenne

Erdbeer-Fingerkraut

Steinnelke

Frühlings-Fingerkraut

Ob Häuser, Garagen, Schuppen, Vordächer oder Hundehütten – wie Wege und Plätze versiegeln auch Gebäude Bodenflächen, die dadurch für die Natur verloren gehen. Inspiriert von Bäumen, die vertikal wachsen und so neuen Lebensraum für zahlreiche Pflanzen- und Tierarten schaffen, können aber auch Gebäude zu Lebensraum-Multiplikatoren werden. Denn von einer Begrünung von Wand- und Dachflächen profitieren nicht nur Pflanzen und Tiere, sondern auch wir Menschen. Von Pflanzen beschattete Fassaden und Dächer heizen sich im Sommer weniger auf und verbessern die Luftqualität durch die Reduktion von Kohlendioxid und Schadstoffen. Dadurch entsteht ein angenehmeres Klima, denn zahlreiche Studien haben gezeigt, dass eine grüne Umgebung und die Nähe zur Natur positive Auswirkungen auf die Gesundheit und das Wohlbefinden von Menschen haben.

Bei der Planung und Umsetzung einer Dach- oder Fassadenbegrünung ist es wichtig, die Tragfähigkeit der Gebäudekonstruktion im Blick zu behalten. Eine Dachbegrünung besteht in der Regel aus mehreren Schichten wie Drainage, Filtervlies, Substrat und Vegetation. Für begrünte Fassaden und Dächer müssen außerdem Klettergerüste und Pflanzbehälter eingeplant werden, was zusätzliches Gewicht für die Konstruktion des Gebäudes bedeutet.

Zudem erfordert eine erfolgreiche Dachbegrünung die sorgfältige Auswahl standortgerechter Pflanzen, deren spezifische Anforderungen an Licht, Temperatur, Dach- oder Fassadenausrichtung sowie die vorhandene Wasser- und Nährstoffversorgung erfüllt werden müssen. Hierfür eignen sich einheimische, winterharte Gebirgspflanzen, die extremen Witterungsbedingungen standhalten, sowie Waldpflanzen wie Farne, die schattige Nordseiten begrünen können.

Durch die Verwendung von standortgerechten Pflanzenarten und die Schaffung ökologischer Nischen können Gebäudebegrünungen zur Erhaltung und Förderung der Biodiversität beitragen. Zudem können solche zusätzlichen Grünflächen in der Stadt und auf dem Land zu zahlreichen kleinen Biotop-Inseln und „Trittsteinen“ werden, die zur Vernetzung von Lebensräumen beitragen und so die Ausbreitung und Erhaltung von Arten fördern.

HAUSWURZ *(Sempervivum sp.)*

Hauswurze sind sukkulente, mehrjährige Pflanzen, die aufgrund ihrer dicken Blätter, die oft mit Wachs überzogen sind, lange Trockenperioden überstehen können.

Frühlings-Hungerblümchen

Ausdauernder Lein

Scharfer Mauerpfeffer

Felsen-Fetthenne

PFLANZENLISTE GEBÄUDEDACH

SONNIG BIS HALBSCHATTIG

Ausdauernder Lein *(Linum perenne)*
Bärwurz *(Meum athamanticum)*
Berg-Lauch *(Allium lusitanicum)*
Blutroter Storchschnabel *(Geranium sanguineum)*
Echter Lavendel *(Lavandula angustifolia)*
Echter Thymian *(Thymus vulgaris)*
Englische Fetthenne *(Sedum anglicum)*
Erdbeer-Fingerkraut *(Potentilla sterilis)*
Felsen-Fetthenne *(Sedum rupestre)*
Frühlings-Hungerblümchen *(Draba verna)*
Genfer Günsel *(Ajuga genevensis)*
Gewöhnliche Felsen-Fetthenne *(Sedum rupestre)*
Gewöhnliche Küchenschelle *(Pulsatilla vulgaris)*
Gewöhnlicher Odermennig *(Agrimonia eupatoria)*
Gewöhnlicher Thymian *(Thymus pulegioides)*
Gewöhnliches Stängelloses Leimkraut *(Silene acaulis)*
Große Fetthenne *(Sedum telephium)*
Hauswurz *(Sempervivum tectorum)*
Heidenelke *(Dianthus deltoides)*
Kartäusernelke *(Dianthus carthusianorum)*
Kleine Braunelle *(Prunella vulgaris)*
Kleines Habichtskraut *(Hieracium pilosella)*
Knöllchen-Steinbrech *(Saxifraga granulata)*
Majoran *(Origanum majorana)*
Mittleres Zittergras *(Briza media)*
Moos-Steinbrech *(Saxifraga hypnoides)*
Ochsenauge *(Buphthalmum salicifolium)*
Orangerotes Habichtskraut *(Hieracium aurantiacum)*
Oregano *(Origanum vulgare)*
Raue Nelke *(Dianthus armeria)*
Rispen-Steinbrech *(Saxifraga paniculata)*
Sand-Thymian *(Thymus serpyllum)*
Scharfer Mauerpfeffer *(Sedum acre)*
Schnee-Steinbrech *(Saxifraga nivalis)*
Silber-Fingerkraut *(Potentilla argentea)*
Stinkender Storchschnabel *(Geranium robertianum)*
Taubenkropf-Leimkraut *(Silene vulgaris)*
Weiße Fetthenne *(Sedum album)*

PLUS-HAUS

Pflanzen auf Dächern und an Hausfassaden wirken sich positiv auf das Klima im und um das Gebäude sowie auf die Artenvielfalt aus.

Die einfachste Möglichkeit einer Gebäudebegrünung besteht darin, Kästen mit einheimischen Blumen **01** an den Fenstern anzubringen und den Sockelbereich **02** des Hauses zu bepflanzen. Blumenbeete verhindern Spritzwasser an der Hauswand und nehmen Regenwasser auf, was das Fundament vor zu viel Feuchtigkeit schützt. Fassaden können außerdem mit Rankgerüsten versehen werden, um beispielsweise Spalierobst **03** und Kletterpflanzen **04** Platz zu bieten. Größere Pflanzen **05**, deren Wurzeln Drainagen oder traditionelle Steinfundamente gefährden könnten, sollten mit Abstand zum Haus gepflanzt und mit Rankgerüsten zum Gebäude herangeführt werden. Für die Bepflanzung von Dächern **06** und Fassaden gibt es mittlerweile spezialisierte Unternehmen, die verschiedene Begrünungssysteme mit geeigneten Pflanzen samt Beratung und Montage anbieten.

ELEMENT
06. 04 GEBAUTE NISTHILFEN

Nisthilfen für Greifvögel [1],

Singvögel [2],

Fledermäuse,

Wildbienen [3]

In Gärten und an Gebäuden derzeit moderner Siedlungen sind natürliche Unterschlupf- und Nistmöglichkeiten für Tiere wie Nischen, Ritzen, Spalten und Hohlräume rar geworden. Daher können gebaute Nisthilfen eine sinnvolle Alternative sein, um gefährdete, seltene oder beliebte Tierarten in Gärten und Anlagen zu unterstützen.

Beim Kauf oder Bau einer Nisthilfe sollte darauf geachtet werden, dass sie den Bedürfnissen der Tierart entspricht, die gefördert werden soll. Die Größe der Öffnungen, die Dimensionen und das Material der Nisthilfe sollten den Anforderungen der Tierart angepasst sein, um Schutz zu bieten und nicht zu einer tödlichen Falle zu werden. Hierzu gibt es bewährte Nisthilfen und Bauanleitungen von Naturschutzorganisationen, die in der Regel temperatur- und feuchtigkeitsausgleichende sowie regenabweisende Materialien wie Holz, Ton und Beton verwenden, um beispielsweise Hitzestau im Hochsommer zu vermeiden. Die Größen und Konstruktionen der Nisträume sind dabei so bemessen, dass Räuber durch entsprechende Konstruktionen möglichst keinen Zugang haben. Nisthilfen sollten an einem sicheren und geschützten Ort angebracht werden und deren Öffnung an der von der Hauptwetterseite abgewandten Seite liegen. Nisthilfen sollten außerdem so gestaltet sein, dass sie leicht gereinigt werden können, um das Risiko von Parasiten und Krankheiten zu minimieren. Es ist ausreichend, diese Reinigung einmal jährlich im späten Winter oder Frühling durchzuführen, indem altes Nistmaterial entfernt und der Nistraum mit einem Besen oder einer Bürste gesäubert wird, bevor die Vögel mit dem Nestbau beginnen.

Durch Nistangebote für unsere Gartenbewohner können wir einige unserer Lieblingstiere aus nächster Nähe kennenlernen und ein besseres Verständnis für ihre Bedürfnisse und natürlichen Zusammenhänge entwickeln. Wenn wir Singvögel, Raubvögel oder Igel durch Nistangebote anlocken möchten, sollten wir aber auch jene Arten fördern, die ihnen Nahrung sind. Sie haben in der Regel keine großen Ansprüche, sondern benötigen nur etwas Hilfe zur Selbsthilfe, wie die Verwendung von einheimischen Pflanzen, natürlichen Materialien, Strukturen sowie Rückzugsgebiete.

[1] Schleiereule *(Tyto alba)*
[2] Feldsperling *(Passer montanus)*
[3] Gehörnte Mauerbiene *(Osmia cornuta)*

„HOCHHAUS" FÜR GESELLIGE BRÜTER

Eine auf den Boden gestellte, angelehnte und gegen Verdrehen gesicherte lange Stange mit Nisthilfen kann eine einfache Lösung sein, um Nistmöglichkeiten für Vogelarten auch in größerer Höhe anzubieten. Im zeitigen Frühjahr kann sie einfach gekippt und gereinigt werden.

PFLANZENREGISTER

KATJA FALKENBURGER

hat über 20 Jahre Selbstversorgung im Naturgarten schadlos überstanden. Sie verdankt diesen Umstand einem tadellos funktionierenden Netzwerk an zahllosen Pflanzen und Tieren, die sich gegenseitig in Schach halten und prächtig entwickeln – wenn man sie fördert. In ihrem 6000 m² großen Garten und Wiese findet sich alles, was die Artenvielfalt aufleben lässt: vielfältige Geländeformen und Klimazonen, natürliche Materialien, unterschiedliche Strukturen sowie einheimische Pflanzen – Elemente, die sich kreativ gestalten und kombinieren lassen, Leben in Gärten bringen und so zu erfreulichen Entdeckungen von immer wieder neuen Arten führen.

Für die experimentierfreudige, selbstständige Produkt- und Grafikdesignerin mit ihrem Büro CLUSIV DESIGN, Gartengestalterin und Autorin, die auch Mitglied in den Naturschutzverbänden Nabu und BUND ist, genau das Richtige: ein üppig gefüllter Baukasten zur Entwicklung und Gestaltung von ansprechenden, lebendigen Gärten – für Natur und Mensch.

Von ihren Erfahrungen zur Saatgutvermehrung von Gemüse- und Wildpflanzen, Pflanzenanzucht, Bodenaufbau, Selbstversorgung bis zur attraktiven Gestaltung von lebendigen, artenreichen Gärten berichtet Katja Falkenburger auf Führungen für Naturschutzverbände sowie für Natur- und Gartenfreunde.

DANK

Ein herzliches Dankeschön dem Haupt Verlag in Bern, der dieses Buch ermöglicht hat und an die lieben Unterstützer des Buchprojektes: Cornelie Cless-Langer, Angelika und Maximilian Dechant, Markus Ehrlich, Edith Fofana, Regina Jochum, Udo Lang, Dr. Hans-Joachim Masur, Willi Mayer, Josef und Myrta Schneider, Heidi Schulz sowie
www.astrantias.com, www.bund.de, www.nabu-ravensburg.de, www.schmincke.de und www.rosenschule-uckermark.de.

BEZUGSADRESSEN
WILDPFLANZEN UND SAATGUT

www.astrantias.com
www.gaertnerei-strickler.de
www.naturgartenshop.com
www.nordischer-shop.at
www.saatgut-vielfalt.de
www.vivara.de

WEITERE INFOS ZUM BUCH

www.katja-falkenburger.de

WEITERE BÜCHER DER AUTORIN

PAPIER PRÄGEN
Freie Techniken, individuelle Muster
ISBN 978-3-258-60246-2
www.falkenburger.de

HOLZ PRÄGEN
Freie Techniken, individuelle Muster
ISBN: 978-3-258-60262-2
www.falkenburger.de

1. Auflage: 2024

ISBN 978-3-258-08346-9

Text, Gestaltung, Layout und Illustrationen: Katja Falkenburger, D-Horgenzell

Fotos:	Markus Ehrlich	Seite 170, Bild 3
	Udo Lang	Seite 143
	Willi Mayer	Seite 102, Bilder 1, 2, 4
		Seite 116, Bild 2
		Seite 138, Bilder 1-4
		Seite 164, Bild 4
		Seite 170, Bilder 1, 2, 4
	Thorsten Schmidt	Seite 177
	www.astrantias.com	Seite 98, Bildreihe links, Bilder 1, 3
		Seite 98, Bildreihe rechts Bilder 2-4
	www.rosenschule-uckermark.de	Seite 98, Bildreihe links, Bild 2
	Katja Falkenburger	restliche Bilder

Wir verwenden FSC®-zertifiziertes Papier. FSC® sichert die Nutzung der Wälder gemäß sozialen, ökonomischen und ökologischen Kriterien.
Gedruckt in der Tschechischen Republik.

MIX
Papier | Fördert gute Waldnutzung
FSC® C010798

Diese Publikation ist in der Deutschen Nationalbibliografie verzeichnet. Mehr Informationen dazu finden Sie unter http://dnb.dnb.de.

Der Haupt Verlag wird vom Bundesamt für Kultur für die Jahre 2021–2024 unterstützt.

Wir verlegen unsere Bücher mit Freude und großem Engagement. Daher freuen wir uns immer über Anregungen zum Programm und schätzen Hinweise auf Fehler im Buch, sollten uns welche unterlaufen sein.

www.haupt.ch